AF372027

Hombre lobo

La verdadera historia
de una posesión demoníaca

Ed y Lorraine Warren
con William Ramsey y Robert David Chase

Hombre lobo

La verdadera historia
de una posesión demoníaca

EDICIONES OBELISCO

Si este libro le ha interesado y desea que le mantengamos informado
de nuestras publicaciones, escríbanos indicándonos qué temas son de su interés
(Astrología, Autoayuda, Ciencias Ocultas, Artes Marciales, Naturismo,
Espiritualidad, Tradición…) y gustosamente le complaceremos.

Puede consultar nuestro catálogo en www.edicionesobelisco.com

Colección Estudios y Documentos
Hombre lobo
Ed y Lorraine Warren
William Ramsey & Robert David Chase

1.ª edición: marzo de 2021

Título original: *Werewolf*

Traducción: *Daniel Aldea*
Corrección: *Sara Moreno*
Diseño de cubierta: *Enrique Iborra*
Prólogo: *Iván Martínez Juan*

Edita: Ediciones Obelisco, S. L.
Collita, 23-25. Pol. Ind. Molí de la Bastida
08191 Rubí - Barcelona - España
Tel. 93 309 85 253
E-mail: info@edicionesobelisco.com

ISBN: 978-84-9111-685-1
Depósito Legal: B-3.656-2021

Impreso en los talleres gráficos de Romanyà/Valls S. A.
Verdaguer, 1 - 08786 Capellades - Barcelona

Printed in Spain

PRÓLOGO

LA SOLEDAD DE UN HOMBRE SOLO

La primera vez que me topé con la increíble historia de Bill Ramsey me hizo recordar lo importante que es la investigación cuando nos enfrentamos a sucesos paranormales. Este caso, en el que un ciudadano británico se vio, supuestamente, poseído por el espíritu de un licántropo, me llevó a pensar en cómo el curioso que observa un suceso paranormal y lo analiza suele estar condicionado por la sociedad, que cada vez más ridiculiza y hace escarnio de quien muestra interés por las temáticas relacionadas con lo extraño. Pero los que hemos vencido la presión social y vivimos el misterio desde dentro, cuando nos topamos cara a cara con lo insólito, descubrimos a personas atormentadas, que sufren, a familias desesperadas que lo único que quieren es vivir una vida tranquila y normal.

Los sucesos que sufrió Bill Ramsey muestran la prisión en la que la sociedad se encuentra al no comprender que hay cosas que se escapan de nuestro raciocinio y que la ciencia todavía no puede explicar. Muchas personas, desde el desconocimiento, suelen burlarse de hipótesis audaces que no tienen otro propósito que explicar hechos que todavía no podemos comprender, ya que generan el miedo que acostumbra a despertar aquello que es contrario a lo establecido. Por eso considero que las investigaciones de temáticas de lo ignoto no sólo son importantes para descubrir la verdad del asunto, también sirven para ayudar a las personas desamparadas que no encuentran respuestas en las disciplinas normativas u ortodoxas.

El gran tesoro de la vida es la curiosidad que nos acompaña desde que nacemos. Ésta nos permite hacernos preguntas sobre cualquier cosa. El peligro llega cuando nos topamos con los sesgos mentales implementados por la maquinaria social, diseñados para transformar nuestra curiosidad en algo negativo. A medida que crecemos, esa curiosidad se va perdiendo porque alguien ha confeccionado el mundo para hacernos dóciles y pensar que «lo mágico» no existe.

Bill Ramsey no comprendió lo que le pasaba hasta que se topó con personas que conocían lo extraño. Fueron Ed y Lorraine Warren quienes le enseñaron que, bajo las capas que componen nuestra sociedad, se encuentra otra realidad. Así descubrió la existencia de seres no humanos que obedecen a fuerzas malignas y utilizan vulnerabilidades para colarse en nuestro interior y hacernos cometer actos atroces. Pero, a su vez, entendió que también existen fuerzas luminosas, sobre todo, cuando su mujer, Abby, le mostró el amor verdadero y le apoyó en la noche más oscura.

Todas las religiones del mundo identifican dos fuerzas: la luminosa y la oscura. Una no puede existir sin la otra, pero deben mantener el equilibrio. Cuando ese respeto por mantener la balanza se rompe, una de las dos fuerzas penetra en el ser y se apodera de un recipiente para hacerse material. Desde mi personal punto de vista, creo que no debemos dar nombre a estas fuerzas, debemos eliminar la connotación religiosa para entender el tema desde una perspectiva más amplia.

Hace muchos años emprendí una investigación sobre los llamados «seres tulpa». Según el budismo tibetano y la doctrina vajrayana, los tulpas son creaciones de nuestra mente en forma de energía. Los monjes entrenaban toda su vida las técnicas de meditación que permiten llegar a visualizar un ser incorpóreo que, en circunstancias especiales, se volvía material y adquiría consciencia. Incluso en sus prácticas utilizaban potentes venenos que ingerían para perturbar su percepción y volverla más fuerte con el autocontrol de la mente. ¿Podrían ser los llamados espíritus creaciones inconscientes de la humanidad? ¿Podríamos pensar que tras la muerte nuestra psique o pensamiento al perder el cuerpo se convierte en un espectro? Es sólo una teoría más que se añade al incomprensible mundo de las fuerzas y energías que nos gobiernan.

Estas energías se basan en creaciones de la propia humanidad que se ocultan en el tiempo e interactúan con nosotros. Cuando nuestro planeta no existía, los espíritus no tenían aspecto humano puesto que la humanidad no existía. Su forma era incorpórea, eran pura energía. La síntesis mediante la cual esa energía se convierte en espíritu se realiza a través de la mente y las ideas. Este catalizador, llamado «piedra filosofal» por los alquimistas, no era ningún tipo de piedra ni nada por el estilo, era la propia mente que catalizaba lo material a través de las ideas. Por ese motivo, la mente moldea la energía y en algunas ocasiones sigue creando incluso después de la muerte, como si la propia psique se quedase en un bucle eterno. Yo creo que cuando nuestro planeta deje de existir, el sufrimiento y los sentimientos humanos volverán a perder la corporeidad y regresarán a su estado de energía pura.

Las energías oscuras que se adueñaron de Bill Ramsey surgieron hace miles de años. Cuenta la leyenda que uno de los primeros hombres en ser maldito por la licantropía fue el rey griego Licaón, fundador de la antigua ciudad de Licosura. El rey realizaba sacrificios humanos para mostrar su devoción por los dioses. Esto llegó a los oídos de Zeus Liceo y para comprobar si era verdad, se disfrazó de peregrino para ir a verle. Al ver que Licaón sacrificaba niños recién nacidos, el dios olímpico lo castigó y lo convirtió en lobo. Además, toda su descendencia quedaría maldita.

¿Es ésta la maldición que sufrió Bill Ramsey? Yo creo que no. En parte, en todo mito podemos hallar algo de verdad, pero son manipulados y tergiversados de forma natural por el paso del tiempo. La esencia de la historia de Licaón es similar a lo que sufrió el señor Ramsey. Bill era una persona muy feliz, disfrutaba del tiempo que pasaba con su mujer Abby y sus hijos. Siempre fue un trabajador que, con mucho orgullo, quería mantener a su familia. Pero los ataques que sufría estaban dominando su alma. El ente desconectaba la consciencia de Bill, contraía los tendones de las manos y colocaba los dedos a modo de garra. Su forma física, según algunos testimonios recopilados por Ed y Lorraine Warren en este libro, cambiaba y obtenía rasgos similares a un lobo. Entonces una fuerza sobrenatural invadía su ser. En una ocasión hizo frente a 12 policías que no salían de su asombro. Pensaban, en principio, que se estaban enfrentando a un borracho o a un enfermo mental, pero al observar su fuerza sobrenatural los agentes cambiaron de opinión.

La historia de Bill Ramsey también nos puede hacer pensar sobre esas personas que dicen escuchar voces en su cabeza y que acaban en un hospital psiquiátrico. Estoy seguro de que un alto porcentaje de los casos se deben a problemas mentales, pero siempre existirá un pequeño porcentaje que esté relacionado con estas fuerzas negativas que se apoderan del cuerpo. Lo que tenemos que extraer de esta reflexión es que, en algunas ocasiones, el mal acaba ganando la partida al no ser identificado, porque se esconde en nuestra ignorancia y la emplea en nuestra contra. Por ese motivo es tan importante escuchar sin juzgar a las personas que sufren cualquier tipo de problema.

Siempre tiendo a pensar que, en general, la vida de las personas se vuelve acomodada. Todos nos preocupamos por nuestro trabajo, la salud, el amor o las relaciones sociales. Pero mientras disfrutamos de todo esto, el vacío cósmico puede ocultar entidades antiguas que aguardan el momento apropiado para colarse en nuestro mundo y hacer trizas esa confortabilidad en la que estamos instalados.

Durante todos estos años como investigador de lo extraño, he comprendido que negar la existencia del misterio es negar la existencia del conocimiento. Así lo entendieron también Ed y Lorraine Warren, como descubriréis en las páginas que siguen.

—Iván Martínez Juan
Creador del proyecto granmisterio.org

Introducción

Al menos desde la antigua Grecia conocemos casos de personas convencidas de poder transformarse en animales.

Varios siglos después, la cultura gitana fomentó la creencia de que este tipo de personas habían sido víctimas de una maldición y, como resultado de ello, se habían convertido en asesinos.

La cultura gitana prestó una especial atención a la transformación del hombre en lobo. El fenómeno terminó conociéndose como *licantropía* y, aunque eran muchos los que dudaban de que una transformación de este tipo fuera posible, diversos médicos medievales dejaron constancia en sus diarios personales de cómo algunos de sus pacientes habían experimentado este tipo de cambio.

En la Francia de 1798 se produjo un caso especialmente sórdido y violento.

Jean-Paul Grenier era un adolescente con muy pocos amigos. Como consecuencia de ello, pasaba muchas horas en el bosque en compañía de los animales. Jean-Paul estaba convencido de haber desarrollado un lenguaje que le permitía comunicarse con sus nuevos amigos, una complicada mezcla de gruñidos, gemidos y lenguaje de signos. A medida que se hacía mayor, cada vez se aislaba más de la cultura humana. Su padre, un jornalero pobre, pasaba muy poco tiempo con él.

Jean-Paul, que nunca había sido un niño especialmente inteligente, no era buen estudiante y, dadas sus escasas habilidades sociales, tampoco era el tipo de *conversador* que la sociedad francesa parecía valorar.

Se pasaba casi todo el día en el bosque en compañía de sus amigos del reino animal, especialmente con los lobos.

Jean-Paul tenía una relación especial con ellos, animales solitarios y aislados como él. Además, eran criaturas perseguidas; a los cazadores les encantaba regresar a casa con sus pieles en el zurrón.

Según los rumores, la amistad de Jean-Paul con los lobos llegó a ser tan íntima que estos le llevaban a las cuevas donde dormían y le enseñaron a cazar y hacer acopio de comida.

En algún momento, Jean-Paul empezó a considerarse un lobo.

Al parecer, renunció por completo a su naturaleza humana. Los que le conocían bien aseguraban que incluso su modo de andar era distinto, inclinando el cuerpo de una forma extraña, y que algunas noches, cuando le oían aullar, sentían escalofríos.

Hoy en día no sabríamos nada de Jean-Paul Grenier si éste se hubiera limitado a emular a sus amigos los lobos. Todos los días nacen cientos de personas «chifladas» o excéntricas.

Pero Jean-Paul hizo algo más que eso, algo que lo convertiría en uno de los asesinos más atroces y brutales de la historia de la humanidad. Jean-Paul se adentró en una espiral de terror que le llevó a robar bebés de sus cochecitos, despedazarlos y comérselos crudos, y después llevar la carne sobrante al bosque, donde la compartía con los lobos.

Afortunadamente, Jean-Paul no tardó en ser detenido y terminó confesando la mayoría de sus presuntos crímenes. Sin embargo, él insistía en que su padre le había ayudado. Como prueba de ello, aseguró, bastaba con preguntarle a su madrastra, quien supuestamente había abandonado al hombre después de presenciar cómo «vomitaba las patas de un perro y los dedos de un niño». El tribunal encargado de juzgar el caso dejó en libertad al padre, pero Jean-Paul fue condenado y recluido en un monasterio.

Al parecer, durante el tiempo que pasó allí sus rasgos se volvieron cada vez más lobunos y perdió todo el interés por las actividades humanas. Confinado en una pequeña celda, Jean-Paul murió a la edad de veinte años.

Puede que Jean-Paul ya no esté entre nosotros, pero la fascinación que sentimos por los hombres lobo continúa muy viva.

La historia que estás a punto de leer es un relato moderno perfectamente documentado sobre la terrible maldición de la licantropía.

La licantropía no es un tema de conversación muy popular en la actualidad. Pese a ser algo que sigue estando muy presente en nuestro mundo –y que explica el comportamiento de muchos asesinos en serie, tal y como ha reconocido recientemente un miembro de Scotland Yard–, preferimos negar su existencia desdeñosamente mientras esbozamos una sonrisa de suficiencia.

Sin embargo, a medida que avances en la lectura del libro, comprenderás lo real y terrible que puede llegar a ser la licantropía y su implacable capacidad para destruir las vidas de personas decentes y de sus seres queridos. Si conocieras personalmente a William David Ramsey, si pudieras descubrir lo amable, atento y respetable que es cuando la maldición no lo domina, te sentirías profundamente conmovido por su situación.

Ésta es la historia de William David Ramsey, el *hombre lobo*.

—Ed y Lorraine Warren

PRIMERA PARTE

UNA ENFERMERA ASUSTADA

La noche del 5 de diciembre de 1983, en la localidad inglesa de clase trabajadora de Southend-on-Sea (Essex), una enfermera de urgencias se disponía a salir de las dependencias del hospital para fumarse el tercer cigarrillo del día.

Aquél era el acuerdo, un tanto desesperado, al que había llegado consigo misma. Debido a su profesión, sabía lo nocivo que era el tabaco para la salud. Sin embargo, en tanto que ser humano de veintinueve años con un trabajo altamente estresante, había terminado por desarrollar una profunda adicción al él.

De modo que, en los últimos tres meses, había hecho un trato consigo misma. Sólo fumaría tres cigarrillos al día: uno por la mañana, otro por la tarde y otro más por la noche. De este modo esperaba deshacerse gradualmente de su adicción hasta el punto de dejar de fumar del todo.

Aquel día, poco antes de las diez de la noche, estaba a punto de disfrutar del último cigarrillo del día. Dado que el hospital tenía una normativa antitabaco muy estricta, siempre salía a la calle para fumar.

Se apresuró por el pasillo en dirección a la salida, agradecida de poder disponer finalmente de unos minutos de descanso aquella noche. Hasta aquel momento la sala de urgencias había sido un hervidero humano por culpa de tres accidentes de tráfico graves, un altercado doméstico muy violento durante el cual una pobre ama de casa había recibido una paliza y un niño pequeño con una fiebre tan alta que probablemente le acabaría provocando daños cerebrales permanentes. Aunque había tenido fiebre desde hacía dos días, la madre no lo había llevado al hospital hasta aquella misma tarde. A veces la enfermera desearía tener el poder de meter en la cárcel a algunos padres. El modo en el que trataban a sus hijos era abiertamente criminal.

Afortunadamente, las cosas por fin se habían calmado un poco.

Terminadas las horas de visita, el hospital se preparaba para la noche. Las luces se habían atenuado y las enfermeras, calzadas con sus prácticos zapatos negros, recorrían las habitaciones repartiendo píldoras y administrando inyecciones. Y los pacientes, después de haber pasado por el quirófano y ansiosos por regresar a casa con sus seres queridos, se resignaban a pasar otra noche en una cama de hospital. El silencio se había apoderado de todo, incluso de la sala de urgencias, donde el único paciente que esperaba a ser atendido era un drogadicto desaliñado y lastimoso con delirios paranoicos que aseguraba que el último chute que se había metido estaba envenenado. Uno de los internos había trabajado una temporada en un hospital psiquiátrico, y lo estaban buscando para que lidiara con el drogadicto.

Y justo en ese momento, la enfermera cruzó el umbral de la puerta principal.

La noche era fría y lluviosa. Una neblina ondulante procedente del mar se aferraba a los edificios del complejo hospitalario. La visibilidad era prácticamente nula. Los sonidos de la ciudad, que a aquella hora seguían siendo notablemente estridentes, ese día parecían extrañamente amortiguados y distantes. La enfermera prendió el cigarrillo. Como de costumbre, le supo mucho mejor de lo que le hubiera gustado.

Al cabo de un rato escuchó los pasos.

Al principio no estuvo segura de la naturaleza del sonido. Lo primero que pensó fue que alguien se dedicaba a rascar algo toscamente. Pero entonces se dio cuenta de que los sonidos provenían del camino envuelto en la niebla que discurría frente a ella.

Pasados unos minutos comprendió que lo que estaba oyendo eran pasos, aunque desconocía de qué clase. Llevaba un rato allí de pie, disfrutando del cigarrillo y del aire húmedo y vigorizante, cuando los pasos empezaron a perturbarla.

La enfermera era una de esas personas que no pueden ver películas de terror porque se asustan muchísimo. Y los pasos le recordaban demasiado a una escena de una película de terror.

Allí estaba ella, una mujer joven, profundamente moderna y moderadamente inteligente, de pie frente a la puerta de un gran hospital lleno de gente y, a pesar de todo eso, no podía evitar tener miedo.

Tal vez si hubiera podido ver quién había detrás de los pasos, se habría sentido más tranquila. Pero eran sonidos incorpóreos, perdidos en las profundidades de la niebla, y cada vez estaban más cerca. La enfermera se estremeció.

Miró por encima del hombro a través de la puerta de cristal. El largo corredor del hospital estaba vacío. En ese momento los pasos sonaban muy cerca, y también distinguió unos extraños arañazos, como si alguien estuviera arrastrando algo por el camino de hormigón.

Volvió a mirar hacia el pasillo vacío por encima del hombro. Aproximadamente un año atrás, una enfermera había sido violada en el aparcamiento del hospital y nadie había oído sus gritos hasta que ya fue demasiado tarde. La enfermera se preguntó si alguien oiría sus gritos si tenía que pedir ayuda.

Una figura empezó a emerger de la niebla. Al principio pensó que era un hombre, pero al ver que caminaba encorvado y que sus manos tenían una forma extraña, como de garras, no estuvo tan segura. La figura se detuvo, poco más que una silueta recortada en la niebla nocturna que la envolvía.

La figura estaba a poco más de tres metros de la enfermera. Se dio cuenta de que el corazón le latía aceleradamente y que un sudor frío había empezado a acumularse en sus axilas y en las plantas de los pies.

—Hola –dijo.

No obtuvo respuesta.

—Hola.

La enfermera entornó los ojos para intentar distinguir mejor a la criatura que se había detenido frente a ella.

Y, entonces, la figura dio un paso adelante.

La enfermera echó a correr.

Tanto su adiestramiento como su inteligencia le decían que tendría que haberse quedado donde estaba, pero no lo hizo. No pudo. Estaba demasiado asustada. Abrió la puerta precipitadamente y corrió por el pasillo.

Sólo miró hacia atrás cuando estuvo en el centro del vestíbulo, el cual, a aquellas horas de la noche, estaba desierto. Giró a la derecha para dirigirse a la sala de urgencias. Y entonces se topó con otra enfermera, Carol Peeler.

—¿Estás bien? –le preguntó ésta al ver lo alterada que estaba su amiga.

—Sí –fue lo único que pudo responder la enfermera.

Tuvo el impulso de contarle a Peeler que acababa de oír unos pasos extraños y de ver a una inquietante forma surgir de la niebla, pero finalmente decidió que su reputación se resentiría si la gente descubría que había pasado tanto miedo. Las enfermeras se enorgullecen de su naturaleza práctica, algo que no encaja demasiado bien con el hecho de ver a hombres del saco apareciendo de la niebla.

—¿Seguro que estás bien? –insistió Peeler.

—Sí, seguro –repuso con una sonrisa forzada–. Será mejor que vuelva al trabajo.

Se alejó rápidamente, contenta de dejar atrás el escrutinio de Peeler. Se detuvo en los lavabos, donde se lavó la cara, hizo todo lo posible por deshacerse del aliento a tabaco y se alisó el cabello rojizo con ayuda de sus largos y hábiles dedos.

Cuando volvió a entrar en la sala de urgencias, vio que el drogadicto paranoico estaba acompañado de un hombre corpulento a quien le acababan de partir la nariz, presumiblemente en una pelea de bar.

Salvo por la criatura que había entrevisto en la niebla, era una noche de fin de semana como cualquier otra en la sala de urgencias del hospital. La enfermera reemprendió sus ocupaciones mientras trataba de olvidar la figura extraña y los inquietantes sonidos que había oído a través de la niebla y las sombras.

La larga noche

Dos horas más tarde, la sala de urgencias volvía a estar llena por culpa de un accidente en el que una furgoneta había volcado en una zanja.

Fue uno de esos accidentes que acaban convenciendo incluso al más incrédulo de la existencia de algún tipo de providencia divina que opera en el vasto universo. Durante éste, la furgoneta dio dos vueltas de campana y el techo del vehículo quedó aplastado y pegado a la parte superior de los asientos. Por increíble que parezca, y pese a que deberían haber muerto como mínimo uno o dos de los ocupantes del vehículo, ninguno de ellos sufrió lesiones importantes, tan sólo alguna que otra muñeca torcida. Obviamente, todos ellos estaban bastante aturdidos y aún bajo los efectos del alcohol.

La enfermera atendió a dos, aplicando vendajes a algunos cortes y rasguños y llevándoles una generosa cantidad de café caliente y cargado.

Dos adustos policías esperaban en el vestíbulo para hablar con el conductor del vehículo, el cual, obviamente, sería acusado de conducir bajo los efectos del alcohol.

La enfermera oyó un ruido procedente del otro extremo de la sala de urgencias y se dirigió decidida hasta la puerta para comprobar qué estaba pasando. Cuando la abrió, se topó con un hombre cuyo aspecto y conducta la sorprendieron y asustaron de inmediato. Supo que se trataba de la criatura que había entrevisto en la niebla.

A la luz de la sala de urgencias, su aspecto resultaba bastante humano, aunque también parecía profundamente angustiado.

—¿Puede ayudarme? –dijo.

—Por supuesto –respondió ella con más frialdad de la que pretendía–. Para eso estamos aquí.

—He de contarle lo que me ocurre.

—¿Por qué no entra, se sienta y me lo cuenta?

El hombre sacudió la cabeza bruscamente.

—No. Antes de entrar tengo que contarle… la verdad.

—Claro –repuso la enfermera–. ¿Qué quiere decir con la verdad?

En aquel punto, la enfermera pensó que aquel hombre estaba tan borracho como los pasajeros de la furgoneta. Los borrachos suelen ser víctimas de todo tipo de delirios, y era evidente que el hombre que tenía delante estaba sufriendo uno en aquel momento.

—Me está pasando algo muy extraño. Me estoy convirtiendo en un… lobo.

La primera reacción de la enfermera fue la de echarse a reír, pero entonces se fijó en algo que había estado inquietándola desde el principio.

Aunque su aspecto era aparentemente normal –aproximadamente un metro setenta de altura y unos ochenta kilos de peso–, tenía los hombros caídos y las manos dobladas como si fueran garras.

Además, mientras estaba de pie frente a él, oyó, incrédula, cómo se formaba en el pecho del hombre un rugido ronco y resonante que después subió hasta su garganta y, finalmente, le salió por la boca.

El inconfundible rugido ronco de un lobo.

Los dientes del hombre le asomaron por entre los labios y la locura empañó su mirada.

Antes de que la enfermera se diera cuenta de lo que sucedía, el hombre arremetió contra ella con una de sus manos en forma de garra, golpeándola con tanta fuerza que la enfermera se estrelló contra la pared y se golpeó la parte posterior de la cabeza contra el yeso. El impacto fue tan violento que perdió la consciencia.

Desafortunadamente para la enfermera, los agentes de policía se encontraban al otro extremo del pasillo, interrogando al conductor de la furgoneta, por lo que en el vestíbulo de la sala de urgencias sólo estaban los dos pacientes que esperaban a ser atendidos. Sin embargo, éstos demostraron ser de lo más caballerosos, pues se pusieron de pie inmediatamente para acudir al rescate de la enfermera.

O al menos lo intentaron. Contener al hombre lobo no era tarea fácil.

Pese a golpearlo repetidamente, e incluso propinarle unas cuantas patadas, la criatura se resistía a caer al suelo. Más aún, intentaba alcanzarlos con sus poderosas manos en forma de garras. Consiguió alcanzar a uno de los hombres en la mandíbula, el cual se desplomó inmediatamente como un saco.

Un camillero, que justo en aquel momento doblaba por el pasillo, vio la extraña pelea que estaba teniendo lugar y oyó el espeluznante y estremecedor aullido que brotaba de la garganta del hombre fornido y musculoso cuyo aspecto recordaba vagamente al de un lobo humano. El camillero corrió por el pasillo y le contó a un médico lo que estaba pasando. El médico, acostumbrado a contener a borrachos en la sala de urgencias, cogió una aguja hipodérmica, la llenó con 3 ml de clorpromazina y siguió al camillero por el pasillo.

Para entonces, el hombre había dejado inconscientes a los dos pacientes y había empezado a arrojar muebles por todo el vestíbulo.

El camillero tragó saliva, consciente de que tendría que distraer al hombre para que el médico pudiera acercarse a él sigilosamente por detrás y clavarle la aguja. Aquello era como presentarse voluntario para hacer de cebo ante un león que lleva un par de meses sin probar bocado.

El camillero se agachó delante del hombre lobo, le pidió a gritos que se calmara y esperó su inevitable reacción. El hombre lo agarró, lo levantó del suelo y, seguidamente, lo arrojó contra la pared.

Mientras el camillero trataba de esquivar un puñetazo del hombre lobo, el médico pudo finalmente clavarle la aguja en el glúteo derecho e inyectarle rápidamente el sedante. El inesperado pinchazo lo enfureció de tal modo que se olvidó totalmente del camillero y se dio la vuelta para enfrentarse al médico.

Éste nunca había visto nada semejante. La transformación de hombre a lobo se había completado y resultaba escalofriante. La forma definitiva sugería una perfecta fusión de las dos especies. Pero entonces, afortunadamente, la clorpromazina hizo efecto y la criatura se desplomó lentamente hasta el suelo.

Aunque seguía gruñendo e intentando herir con sus garras, la fuerza le había abandonado.

Finalmente, quedó tendido completamente inmóvil.

El camillero ayudó a la enfermera a ponerse de pie y, a continuación, se unieron al médico en el examen ocular de la curiosa criatura tendida a sus pies.

—Jamás había visto algo así –dijo el médico–. ¿Qué demonios está pasando aquí?

Poco después, el resto del mundo se haría la misma pregunta que el médico de urgencias acerca de la naturaleza del señor Bill Ramsey, el hombre que la prensa apodaría de modo inevitable con el apelativo de «hombre lobo».

◆ ◆ ◆

Analicemos qué es un hombre lobo.

Es algo muy distinto al resto de los seres sobrenaturales o preternaturales que pueblan las leyendas y mitos o de los monstruos nacidos de la imaginación de escritores y cineastas. No es una criatura compuesta de partes humanas a la que se le da vida en el laboratorio de un científico loco. Tampoco forma parte de la cohorte de los muertos vivientes, como los zombis resucitados mediante la magia de un sacerdote vudú, la momia de un faraón egipcio que ha permanecido con vida durante siglos gracias a la brujería y las hojas de tana o el vampiro, que tiene que beber sangre para mantener su vida antinatural, que puede transformarse a voluntad en murciélago y que debe dormir de día porque la exposición a la luz del sol hace que se encoja y perezca. No dispone de los poderes malvados de las brujas, los hechiceros o los demonios de Satanás. No puede volar, arrastrarse ni escabullirse; no es un roedor ni un insecto que ha mutado hasta adoptar un tamaño monstruoso y fatídico.

Sólo es un hombre, una mujer, un ser humano mortal.

Una persona con una maldición.

—BILL PRONZINI
El hombre lobo

24

Por sus frutos los conoceréis

William David Ramsey nació en un mundo que se había vuelto loco.

Aunque el 11 de noviembre de 1943 casi nadie reparó en el nacimiento de Ramsey, evidentemente sí prestaban atención a un hombre llamado Adolf Hitler y a su nefasto plan para dominar el mundo.

Los primeros recuerdos de Ramsey están dominados por la guerra y sus secuelas, especialmente los estragos provocados por los bombardeos nazis en la ciudad de Londres.

Ramsey nació y creció en Southend-on-Sea, un agradable pueblo costero de los que tanto abundan en Inglaterra.

Durante muchos años, la ciudad prosperó gracias a los ingresos procedentes del turismo. Cada verano, Southend-on-Sea se convertía en el tipo de ciudad que Graham Greene retrata en *Brighton Rock,* una mezcla de ciudad de vacaciones y parque de atracciones.

Cada pocas horas, sucios trenes de vapor descargaban en la costa a ansiosos y ruidosos visitantes procedentes de Londres y de sus suburbios. Era el tipo de localidad a la que acudían personas con pocos recursos para pasar unos cuantos días de vacaciones, durante los cuales se dedicaban a recorrer las salas de juego y los puestos de perritos calientes y a pasar la tarde en los pubs, donde los clientes a menudo se animaban a entonar juntos canciones populares.

Durante el día, se oían por doquier los gritos de los niños y de jóvenes amantes montados en la montaña rusa o paseando por la feria, donde se quedaban boquiabiertos ante la mujer barbuda o echando un vistazo furtivo a uno de los espectáculos de monstruos. Una de las atracciones más populares era la de los toboganes de agua.

Por la noche, el ritmo disminuía ligeramente. Los fuegos artificiales iluminaban el sereno cielo nocturno y las personas de mediana edad cenaban en los numerosos restaurantes, donde se servía buena comida a precios razonables.

Jóvenes y mayores paseaban por la playa, donde la blanca espuma de las olas relucía bajo la luz plateada de la luna mientras el sonido distante de una trompeta procedente de uno de los espectáculos de *music-hall* rasgaba el aire nocturno.

EL JOVEN BILL RAMSEY

DE JOVEN, BILL RAMSEY no destacó en nada especial.

Le gustaban los deportes, las chicas, el cine y pasear por la ciudad cuando ésta se preparaba para recibir a los turistas. A Bill le gustaba imaginarse a sí mismo como uno de los visitantes recién llegados a la localidad, con un buen puñado de monedas en el bolsillo y la posibilidad de conocer a una de esas chicas dulces y hermosas que siempre se mantenían en la órbita de sus remilgadas y formales madres.

Desde muy temprana edad, Bill desempeñó numerosos empleos. La tradición de la clase trabajadora británica es muy simple: desde el momento en que puedes coger un martillo, levantar una pala o cargar con un cubo de basura, empiezas a trabajar.

Bill trabajó, y gracias a Dios que lo hizo porque durante los años en la escuela Hamstel Road y, posteriormente, cuando asistió al instituto para jóvenes Southchurch Hall, fue un estudiante más bien mediocre. No obstante, el inglés y el francés se le daban excepcionalmente bien. Le encantaban las lenguas y las historias.

Pese a que no era un chico tonto —de hecho, algunos de sus profesores aseguraban que Bill demostraba tener una gran curiosidad intelectual—, nunca fue capaz de concentrarse de manera sistemática en los estudios. Siempre había un partido de fútbol por jugar (Bill lo hacía de portero), una chica por cortejar o una película que ver.

A Bill le gustaba especialmente el cine.

Las matinés de los sábados eran un ritual sagrado, sentado en la oscuridad sacramental de la sala de cine en compañía de otros cientos de niños de clase trabajadora como él. Por aquel entonces, a la mayoría de los niños de su edad les gustaban los *westerns* americanos. Para un muchacho inglés, el Salvaje Oeste era como otro mundo: grandes espacios abiertos, indios salvajes y héroes míticos como John Wayne o Randolph Scott.

El cine era la gran evasión de Bill. Le encantaba sentarse en la butaca con sus palomitas y viajar a otras tierras y otra época. Por muy mal que fueran las cosas en la vida real, uno siempre podía confiar en las películas.

Con el tiempo, el negocio turístico que Southend-on-Sea había disfrutado durante tantos años menguó hasta prácticamente desaparecer. Como el nivel de vida general de los ingleses había mejorado sustancialmente, se pusieron de moda otros destinos vacacionales en el extranjero entonces que la mayoría de la población podía permitírselo.

Fuera cual fuese el motivo, Southend-on-Sea ya no podía seguir confiando en el dinero procedente del turismo. Como resultado de ello, la pequeña ciudad pasó unos años largos y difíciles antes de volver a encontrar un modo de vida sostenible. Muchos sureños encontraron trabajo en Londres, a sólo sesenta y cinco kilómetros por la autopista de peaje.

La ciudad se transformó paulatinamente. Muchos negocios cerraron sus puertas. El parque de atracciones dejó de funcionar, incluso durante las noches de verano. Southend-on-Sea había dejado de ser el lugar predilecto al que ir si querías pasártelo bien. En aquel momento ese lugar era Londres.

Afortunadamente, con el paso del tiempo dos grandes oficinas gubernamentales fijaron su sede en Southend-on-Sea y, algo más tarde, una importante empresa de tarjetas de crédito también se estableció en la localidad, lo que hizo que la economía recuperara al menos la apariencia de su antiguo esplendor.

◆ ◆ ◆

A principios de la década de 1960, un grupo de intelectuales estadounidenses marginados participó en un movimiento literario que llegaría a conocerse con el nombre de generación Beat. La poesía, la marihuana y el amor libre fueron los sellos distintivos de este movimiento, o al menos así fue como lo vio la prensa «seria» estadounidense.

En Inglaterra hubo un movimiento similar, aunque allí sus miembros fueron apodados como los Jóvenes Enojados[1] y, a diferencia de sus homólogos estadounidenses, fue un movimiento principalmente obrero. *Sábado noche, domingo mañana*, una novela poética pero sombría acerca de un joven trabajador británico, se convirtió en la piedra angular del movimiento de los Jóvenes Enojados. Por tanto, era la época ideal para ser un «duro trabajador» tanto en Londres como en sus alrededores; por primera vez en la historia del Reino Unido, los jóvenes obreros disponían de una mística romántica sobre su propia clase.

Bill Ramsey, quien por entonces acababa de cumplir veinte años, era muy consciente del cambio social que estaba produciéndose a su alrededor. Después de dejar el instituto en 1958, dos años antes de graduarse, pasó por diversos empleos no especializados en el sector de la construcción antes de descubrir, para su alivio y el de su cuenta corriente, que tenía un auténtico talento como carpintero. Sus ingresos mejoraron, así como su autoestima.

Soltero, Bill aprovechó al máximo la «buena vida» tal y como se vivía en el Londres de aquella época. Grupos musicales como los Beatles o los Rolling Stones estaban a punto de convertirse en las grandes sensaciones del momento, y hermosas y exóticas jóvenes como Twiggy revolucionarían la industria de la moda. Era el momento ideal para un joven saludable y feliz con dinero en el bolsillo y ganas de divertirse, y Bill lo vivió con toda su intensidad. Muchas noches se acostaba pasada la medianoche y se levantaba a primera hora para ir a trabajar.

En 1965, Bill se casó con Abby y, poco tiempo después, ya tenían tres hijos: Ann, Gail y Ted. Los días de parranda de Bill llegaron a su fin.

Se asentó en el tipo de vida que generaciones de trabajadores habían considerado satisfactoria, aunque algo predecible. Aprendió a cambiar pañales sin mancharse ni manchar al bebé, a distraer a su mujer cuando

---

1. En inglés, Angry Young Men. *(N. del T.)*

la carga de tres hijos parecía estar a punto de superarla y necesitaba un respiro desesperadamente y a querer a sus hijos recurriendo a reservas de paciencia y bondad que ni siquiera sabía que poseía.

Durante esta época fue cuando tuvo el sueño por primera vez.

◆ ◆ ◆

Bill Ramsey siempre se había sentido algo tímido e inseguro en sus relaciones personales. Al haber crecido en una familia relativamente pobre junto a sus siete hermanos, nunca se había sentido especialmente querido. Más aún, la mayor parte del tiempo se había sentido muy solo. Ni siquiera cuando una de sus hermanas mayores fue adoptada por otra familia, los Ramsey dispusieron de dinero extra.

Por supuesto, Bill ocultó sus inseguridades tras una fachada de sonrisas fáciles y una actitud habitualmente afable. Sin embargo, en su interior siempre se había preguntado si en realidad era la persona agradable y normal que aparentaba ser.

Tenía tantas inseguridades que era casi como si estuviera cargando con un terrible secreto sobre sí mismo.

El sueño era muy sencillo.

Su mujer estaba de pie frente al fregadero de la cocina una soleada mañana de primavera, fregando los platos del desayuno. Él se acercaba por detrás y la llamaba por su nombre. Ella se daba la vuelta para mirarlo con una sonrisa. Pero la sonrisa se desvanecía rápidamente y empezaba a gritar. Se cubría los ojos con las manos y chillaba tan fuerte que Bill tenía que salir de la cocina.

Se había convertido en una especie de monstruo. Por eso su mujer gritaba de aquel modo. No podía haber otra explicación. Tuvo el mismo sueño en numerosas ocasiones a mediados de los años sesenta. No se lo contó a nadie; estaba asustado y avergonzado. La pregunta siempre era la misma: ¿qué había visto su mujer en su rostro al darse la vuelta? ¿Qué podía ser tan horrible para que gritara de aquel modo y para obligarle a él a huir?

Durante el verano de 1967, dejó de tener el sueño. No volvió a despertarse empapado en sudor ni agotado tras dar vueltas en la cama. Dejó de tocarse la cara cada mañana para comprobar si todo estaba bien.

Su vida recuperó la normalidad. Sus hijos se hacían mayores, la familia había logrado ahorrar algo de dinero y Bill y Abby nunca habían estado más enamorados.

Bill no volvió a pensar en el sueño hasta un año y medio después, durante una intensa nevada.

Se despertó en mitad de la noche. La habitación estaba a oscuras. A su lado, Abby dormía plácidamente.

Al principio se sintió confuso; no sabía muy bien por qué se había despertado. Incluso llegó a pensar que estaba soñando. Pero entonces oyó el rugido de un animal en la oscuridad. Había una bestia agazapada en las sombras de la habitación, preparada para atacar.

Santo cielo, ¿cómo era posible?

Volvió a oír el rugido.

Bill se quedó petrificado, incapaz de mover un solo músculo. Se sintió como un cobarde. Debería estar de pie, defendiendo a su familia. Pero, en cambio, estaba…

Volvió a oír el rugido, y esta vez se dio cuenta de dónde provenía.

De él mismo. De su propio pecho.

Entonces recordó la vieja pesadilla, cómo su mujer se daba la vuelta para mirarlo… y empezaba a gritar. Analizó el rugido animal que brotaba de su pecho y su garganta. ¿Era aquello lo que había asustado a Abby en el sueño?

¿Se había convertido en algún tipo de bestia?

Tres meses después, en la televisión emitieron una reposición de *El hombre lobo* de Lon Chaney. Durante la cena, Abby le dijo:

—¿Quieres que la veamos, cariño? Sé que te gusta mucho.

Bill arrojó la servilleta y se levantó de la mesa.

—¿Alguna vez te has planteado que quizá estoy harto de *El hombre lobo?* –repuso mientras salía de la cocina como una exhalación.

Abby, llorando desconsoladamente, se preguntó qué había dicho para molestar de aquel modo a su marido. Bill, enfurruñado en la sala de estar, también se preguntó qué había sido lo que le había molestado tanto. Abby sólo había intentado ser amable con él. Le quería, se preocupaba por él.

Entonces, ¿por qué se había enfadado tanto ante la mención de *El hombre lobo?*

Para calmarse, Bill decidió salir a dar un paseo; estaba enojado consigo mismo por haber tratado tan mal a Abby. Mientras caminaba, recordó cierto día de verano en el que había estado jugando en el patio trasero de su casa… y en el que le había sucedido algo terrible.

Algo que había procurado olvidar por todos los medios.

Primera entrevista a Bill Ramsey

P: ¿Hubo algo que te hiciera sospechar que podías tener un ataque antes de sufrir el primero?

R: Siempre he tenido mal genio. Aunque no me enfado a menudo, cuando lo hago, suelo aislar todos los sentimientos salvo la ira. La gente que me ha visto de ese modo asegura que a veces se han asustado bastante, sobre todo porque es un gran contraste respecto a mi comportamiento habitual. Pero me gustaría enfatizar que raramente pierdo los estribos. Me ocurre muy pocas veces.

P: ¿Estabas enfadado la primera vez que experimentaste un cambio de personalidad y una transformación física?

R: Sí, bastante.

P: ¿Te habías sentido de ese modo anteriormente?

R: Bueno, supongo que, como le ocurre a mucha gente, a veces me sentía un poco extraño. Y, de vez en cuando, me miraba las manos e imaginaba que eran garras, como las de un animal. Otras, veía un perro corriendo por el campo y me preguntaba qué se sentiría haciendo eso. Debe de sentirse mucha libertad, ¿no crees? Y me preguntaba qué sentía el perro: los olores, las imágenes, la mera sensación de ser un animal, sin todas las inhibiciones que tenemos los humanos.

P: De niño, ¿alguna vez te imaginaste como un monstruo de algún tipo?

R: Un monstruo no, pero sí que me consideraba diferente a los demás niños. Tenía muchos amigos, pero siempre mantenía oculta una parte de mí mismo, en secreto, una parte de mí que no me atrevía a mostrar a los demás.

P: ¿Fuiste un niño violento?

R: No mucho. A veces me metía en alguna pelea, pero nada serio. Y, además, por lo general no era yo el que las empezaba. En realidad, no me gustaba pelearme.

P: Y la primera vez que tuviste la sensación de transformarte en un animal, ¿sentiste la llamada de la violencia?

R: Por supuesto. Por eso fue tan aterrador. Me pilló por sorpresa y tuve un montón de impulsos oscuros, y el más apremiante de todos ellos era la necesidad de atacar a alguien.

P: ¿Quieres decir que sentías el impulso de atacar físicamente a otra persona?

R: Sí, exacto.

P: Cuando echas la vista atrás, ¿recuerdas algún día en tu vida que destaque sobre los demás?

R: Sí, por supuesto. El día que estaba jugando en el patio trasero.

P: ¿Te transformaste aquel día?

R: Completamente. Mi madre también lo dijo, pese a no tener ni idea de lo que había sucedido. Según ella, me transformé en un chico totalmente distinto. Pasé de ser alguien despreocupado a convertirme en una persona retraída e irritable.

P: ¿Eras consciente de lo que te había pasado aquel día?

R: No del todo. Quiero decir que no lo sabía con seguridad, sólo que algo había entrado en mi alma…, algo ajeno a ella.

P: ¿Podrías hablarnos más de eso?

R: Sí. Pero tengo que serte sincero. Pese a todos los años que han pasado, aún me incomoda hablar de ello.

Frío en el alma

Como a tantos otros niños de nueve años con una gran imaginación, a Bill Ramsey le gustaba jugar solo. Los compañeros de juegos solían cohibirlo; con ellos, tenía que jugar a juegos «reales».

Sin embargo, cuando estaba solo, su mente podía vagar libremente y ser cualquier personaje, desde el hombre de la máscara de hierro a Flash Gordon. Incluso oía música dentro de la cabeza, como en las emocionantes películas que veía los sábados por la mañana. Y siempre había hermosas damiselas en peligro, damiselas que lo recompensaban con un tierno beso y una rosa, símbolo del amor que sentían por él.

Bill Ramsey solía jugar solo en el patio trasero de su casa. Aunque no era muy grande, tenía un parterre de hierba y por la tarde era muy soleado. A veces su madre tendía la colada en las cuerdas que recorrían el patio de una punta a otra y el aire estaba saturado con el agradable y fresco olor de las sábanas limpias.

Bill se pasaba muchas horas jugando en el patio y sólo entraba en casa cuando su madre lo llamaba para cenar.

En 1952, Bill Ramsey iba a la escuela, donde tenía muchos amigos. No obstante, seguía disfrutando de los juegos solitarios en el patio trasero. Casi siempre.

Tal y como él mismo recuerda, aquel día en particular era un sábado especialmente soleado; acababa de llegar a casa del cine y esperaba disfrutar de dos horas de luz antes de que se hiciera de noche. Ayudó a su madre con algunas tareas domésticas y después salió corriendo al exterior, ansioso por jugar a ser un piloto de combate. Aquella tarde había visto dos películas sobre las aventuras de la Fuerza Aérea británica durante la Segunda Guerra Mundial, y en su imaginación Bill estaba entonces a los mandos de un avión de combate, bajando en picado para atacar a un bombardero alemán que pretendía incendiar la ciudad de Londres.

Estaba descansado tras haber dormido plácidamente la noche anterior, tenía el estómago lleno, quizá demasiado por culpa de las palomitas de maíz que había comido en el cine, y se sentía inquieto y lleno de energía. Cuando llevaba jugando una hora, notó en su interior una sensación gélida, como una ola invisible.

Incluso hoy en día, Bill recuerda perfectamente la sensación:

«¿Alguna vez has entrado en una cámara frigorífica después de haber estado en el exterior un día muy caluroso? Pues eso es lo que sentí. Estaba jugando y mi temperatura corporal era normal, entonces…, bueno, fue como si me bajara de golpe unos siete grados. Noté un sudor frío en todo el cuerpo y empecé a temblar. Fue como si hubiera abierto una puerta y entrado en otra dimensión o algo así. Y después estaba el olor. Nauseabundo. Unos años antes, una alcantarilla de nuestra calle se obstruyó. Jamás he olido algo tan repugnante como los gases que salían de esa alcantarilla. El olor de aquella tarde era igual. Tuve ganas de vomitar».

Bill permaneció de pie en el patio un buen rato intentando encontrar algo de sentido a lo que le había pasado.

Se le habían quitado las ganas de jugar.

Tenía la sensación de que algo dentro de él había cambiado, sutil pero profundamente. Algo terrible le acababa de pasar, aunque desconocía su naturaleza.

Poco después, el frío abandonó su cuerpo y el olor desapareció. Volvía a ser un niño aparentemente normal de nueve años, de pie en el centro del patio trasero, con el pelo rizado despeinado y la temperatura corporal normalizada.

Aunque se puso nuevamente a jugar, ya no era lo mismo. Entonces, al cerrar los ojos e imaginar que era un piloto de avión, con la música sonando de fondo y los efectos de sonido resonando en su cabeza, se sintió ridículo. Aquello era algo que sólo hacían los niños. Y, por extraño que resultara, Bill ya no se sentía un niño.

La luz se atenuó. Por toda la calle, las madres llamaban a sus hijos para que entraran en casa. Sus maridos estaban sentados frente al televisor, tomándose una cerveza fría. Los niños entraban en las casas a regañadientes y se entregaban a la tortura de bañarse con agua y jabón, dejar que les cepillaran el pelo y desfilar más o menos ordenadamente hacia la mesa del comedor.

O, al menos, eso es lo que ocurría en la mayoría de las casas.

Porque en una no todos los niños habían entrado en casa. En una, un solitario niño de nueve años todavía estaba de pie en el patio trasero, una sombra en la creciente penumbra. Algo le había pasado, pero no sabía qué exactamente, y eso le asustaba.

Se sentía… distinto.

Hacía rato que había dejado de jugar. Se quedó mirando la primera estrella visible de la noche y sintió la gelidez extendiéndose nuevamente por su cuerpo. Se acercó lentamente a la valla para echar un vistazo al estrecho callejón. Sabía que si caminaba por él, terminaría llegando al mar.

Le pasó por la cabeza la idea de subir a bordo de un barco como polizón, como hacía el joven Jim Hawkins en *La isla del tesoro,* de Robert Louis Stevenson, y navegar hasta algún lugar remoto donde la gente no conociera su secreto. La extraña gelidez que sentía en su interior. La rabia creciente y desconocida que parecía dominarlo como un espasmo incontrolable. Su mente se llenó de imágenes fugaces en las que se veía a sí mismo en forma de lobo. Pensó en Larry Talbot, interpretado por Lon Chaney en *El hombre lobo,* en cómo le suplicaba a Dios que no volviera a transformarlo en lobo…

A través de la niebla de sus pensamientos y miedos, oyó la voz de su madre pidiéndole que entrara en casa. Normalmente, aquél habría sido un pensamiento reconfortante, la garantía de que el mundo era un lugar seguro y conocido donde sus padres le querían, se preocupaban por él y deseaban protegerlo. No obstante, aquella noche la voz de su madre le produjo una sensación muy distinta. Aquella noche la voz le irritó. ¿No sabía lo que le pasaba? ¿No era consciente de que era perfectamente capaz de cuidar de sí mismo?

Se dio la vuelta, sintiendo cómo la ira empezaba a dominarlo, pero la punta de su zapato quedó trabada en uno de los postes de la valla.

Tropezó y cayó al suelo.

En cuanto logró ponerse otra vez de pie, sintió cómo lo embargaba una ira cegadora. Volvió a oír el gruñido ronco y escalofriante de una bestia frenética y supo que, de algún modo, el sonido provenía de su interior. Se volvió hacia el poste de la valla, el cual estaba profundamente clavado en el suelo, y lo arrancó de cuajo con una violencia tal que llenó de tierra y hierba incluso el suelo del porche trasero.

Al ver lo que estaba ocurriendo, su madre llamó horrorizada a su padre y ambos salieron corriendo de la casa.

Sin embargo, Bill estaba demasiado furioso para que sus padres pudieran contenerlo.

Aunque incluso tres hombres hubieran tenido dificultades para arrancar el poste del suelo, Bill lo había hecho sin aparente esfuerzo y con gran brutalidad. Y en ese momento se dedicaba a dar vueltas al poste por encima de la cabeza, como si se tratara de un bate de béisbol. Aún había trozos de alambre clavados en la madera.

Cuando sus padres se acercaron a él y le pidieron a gritos que soltara el poste, Bill lo arrojó al suelo. Pero, a continuación, se dejó caer al suelo de rodillas y empezó a desgarrar el alambre con las manos. Poco después, se lo llevó a la boca y empezó a destrozarlo con los dientes.

Su padre, aterrorizado, intentó levantar a su hijo del suelo, lo que no le resultó tarea fácil. La fuerza del niño era increíble… y aterradora.

Su madre empezó a sollozar.

Finalmente, al ser consciente del dolor que le estaba provocando a su madre, Bill se aplacó y se obligó a sí mismo a recuperar el control.

Lanzó el poste al suelo.

Tenía las manos y la boca ensangrentadas por culpa de las heridas que se había hecho con el alambre. En la oscuridad, lo único que oía era a su madre sollozando y a su padre soltando confusas maldiciones. Y lo único que sentía era una extraña frialdad que nacía en lo más profundo de su ser, una frialdad que lo convertía en alguien distinto al resto de los seres humanos.

Cuando se volvió hacia ellos, convencido de que iba a decirles algo tranquilizador, la ira volvió a apoderarse de él.

Vio otra imagen de sí mismo en forma de lobo.

Otro rugido surgió de su vientre, llenó su pecho y brotó de su boca.

Sus padres dieron media vuelta y corrieron para refugiarse en el interior de la casa.

Pero su madre tropezó en el porche trasero. Su padre se agachó para ayudarla a levantarse, momento que aprovechó para mirar en dirección a su hijo. Le pareció ver… a un lobo.

Sus padres entraron precipitadamente en casa y cerraron la puerta con llave, dejando a Bill en el patio trasero sumido en la penumbra.

Finalmente, el rugido se calmó y Bill sintió como la ira abandonaba lentamente su cuerpo. Parte de la frialdad también desapareció. No obstante, al avanzar por el patio trasero camino del porche, comprendió que acababa de suceder algo terrible, algo de lo que jamás podría desprenderse.

Levantó su pequeña mano y empezó a aporrear la puerta. Sus padres se miraron; no sabían si debían dejarle entrar. Qué sensación tan extraña, tener miedo de tu propio hijo. Pero ninguno de los dos pudo soportar la soledad que los embargaba, de modo que finalmente abrieron la puerta.

Bill corrió a sus brazos, como habría hecho un niño mucho más pequeño que él. Los tres lloraron desconsoladamente allí mismo, en la puerta de la casa.

Más tarde, al servir la cena, la madre se dio cuenta de que Bill había sufrido algún tipo de transformación física. Era un cambio sutil, tanto que le costaba identificar su naturaleza. Pero había cambiado de un modo que sólo una madre puede percibir.

No volvieron a hablar del incidente que había tenido lugar en el patio. Sus padres se convencieron a sí mismos que había sido un incidente extraño y aislado que debían olvidar cuanto antes mejor.

Y eso fue lo que hicieron.

Al menos durante unos años.

Entrevista a Bill Ramsey

P: En una entrevista anterior comentaste que pudiste olvidar lo que pasó cuando tenías nueve años. ¿Cómo lo conseguiste?

R: Sabía que *debía* olvidarlo.

P: ¿Por qué?

R: Porque tenía la sensación de que si pensaba a menudo en ello podía volver a suceder.

P: ¿Que te dominara la ira?

R: Sí, la ira… y también el estado mental. Nunca había experimentado algo semejante. Fue como si me convirtiera en otra persona. Eso es lo que me daba más miedo. Era casi como una experiencia extracorporal, como si otra persona estuviera al mando de mi propio cuerpo. Aquel día, en el patio trasero, me *vi* a mí mismo arrancar la valla del suelo. Me *vi* a mí mismo desgarrando el alambre con los dientes. Me *vi* a mí mismo enfrentándome a mis padres como si fuera una bestia salvaje.

P: ¿Tus padres volvieron a mencionar el incidente?

R: No. Ellos tampoco querían recordarlo. Ver a tu propio hijo comportarse de ese modo…, bueno, no debe de ser muy agradable.

P: Entonces ¿olvidaste el incidente durante mucho tiempo?

R: Creo que sería mejor decir que lo *reprimí*. Del mismo modo en que reprimes un pecado grave, algo que hiciste y que temes recordar. Los niños tienen muchos pecados sexuales secretos, experimentos con otros niños y cosas así. Pues aquello fue algo parecido, salvo que el problema no era únicamente la culpa. También resultaba muy aterrador pensar en ello.

P: ¿Te empezaste a ver de otra manera?

R: Por supuesto que sí. Aunque no podía definirlo, ni considerarme a mí mismo en términos melodramáticos como un «hombre lobo» o algo así, es evidente que me sentía distinto a los otros niños. De hecho, ése era uno de mis grandes temores.

P: ¿Atacar a otros niños?

R: Exacto. Tenía miedo de que uno de mis amigos hiciera o dijera algo que me enfureciera y acabar reaccionando del mismo modo que lo había hecho aquel día en el patio trasero. La única diferencia era que en esa ocasión no desgarraría un poste de madera, sino a un ser humano.

P: En otra entrevista aseguraste que siempre te habías sentido «un poco diferente» al resto de los niños. «No un monstruo», pero sí distinto.

R: Sí, es verdad. Eso era cuando era muy pequeño, cuatro, cinco o seis años. Sin embargo, aquella tarde, cuando tenía nueve años…, bueno, aquello me confirmó que sí era distinto.

P: ¿No es posible que experimentaras un simple estallido de mal genio y que te asustaras?

R: ¿Crees que un niño normal de nueve años puede arrancar un poste de cuajo o partir con los dientes el alambre de una cerca?

P: ¿Y lograste seguir con tu vida?

R: Por supuesto. De vez en cuando algo me hacía recordar el incidente y me asustaba un poco…, pero, en líneas generales, mi adolescencia en Southend-on-Sea fue bastante típica.

P: ¿No sufriste más ataques?

R: Creo que no.

P: ¿No estás seguro?

R: Bueno, si te refieres a si alguna vez perdí los estribos, por supuesto que sí. Si quieres saber si alguna vez me metí en una pelea, claro que lo hice. Pero no, no creo que volviera a sufrir ningún ataque como aquél. Creo que todos mis arrebatos fueron bastante normales.

P: ¿Seguías considerándote un bicho raro?

R: Supongo que un poco. Quería caerle bien a todo el mundo y que pensaran que era el tipo más normal del grupo. Por eso me daba tanto miedo volver a tener un ataque. Que te pase algo así delante de tus padres es una cosa, pero delante de otras personas es algo muy distinto. Ya sabes, los demás no serían tan comprensivos ni indulgentes como ellos. Si alguna vez me ocurría lo mismo en público, quedaría marcado socialmente para toda la vida. Era muy consciente de ello.

P: De modo que lograste superar la adolescencia bastante bien.

R: Sí, no tuve muchos problemas, la verdad. Todo fue bastante normal.

◆ ◆ ◆

De día camina entre otros humanos, vive con ellos y pocos o ninguno sospecha de su terrible secreto. Es sólo por la noche, las noches otoñales en que la luna está rebosante y florece el acónito, cuando se produce la transformación. Todo su cuerpo se llena de pelo y los dientes se tornan largos y afilados; las manos y los pies cambian de forma, los dedos en ambas extremidades se vuelven mullidos y las garras relucen; se posa en el suelo sobre sus cuatro patas; la mente y el alma del hombre se transfiguran en las de un lobo hambriento. Sólo entonces deja atrás el mundo del *Homo sapiens* para correr libremente bajo la luz de la luna y entre las sombras, cazando a los desprevenidos e incautos que pasan a convertirse en su presa.

En esas noches, el hambre lo domina completamente, la lujuria abrumadora y esencial que le impele a consumir carne y sangre humana. Su objetivo predilecto es la suave garganta y los órganos vitales. Todo lo demás es superfluo.

Y cuando la noche llega a su fin, después de matar, desgarrar y alimentarse, regresa saciado a su guarida humana a esperar la transformación que le convertirá nuevamente en un hombre. La segunda transformación llega con la primera luz del alba, y cuando ésta está completa y recupera su intelecto, lo recuerda todo. La caza, la muerte, la sangre… Lo recuerda todo y, tal vez, el recuerdo le produce dolor y tormento.

—Bill Pronzini
El hombre lobo

Un incidente aterrador

Bill Ramsey siguió adelante con su vida. Como hemos dicho, se casó, formó una familia y trabajó de carpintero. Sin embargo, el negocio de la construcción no siempre era fiable, por lo que Bill Ramsey a veces se veía obligado a aceptar otros trabajos para poder mantener a su familia. Al ser una persona trabajadora y ejemplar, y al contar con muchos amigos y contactos, Bill siempre consiguió mantenerse ocupado.

A principios de los años ochenta, la recesión que afectó a EE. UU. también golpeó al Reino Unido. Las colas de desempleados daban la vuelta a la esquina y políticos risueños (aunque muy poco sinceros) enviaban mensajes pesimistas.

Bill fue uno de los muchos trabajadores en sufrir los reveses de la economía y, por primera vez desde que se casara con Abby, estaba muy preocupado por las escasas expectativas de trabajo.

Pese a todos sus amigos y contactos, los tiempos eran extremadamente difíciles.

Un día se encontró por causalidad con un amigo llamado Matthew Jennings, quien tenía una empresa que se dedicaba a limpiar oficinas. Jennings le dijo que estaba sobrecargado de trabajo y a Bill se le ocurrió la idea de montar su propio negocio. Si Matthew estaba sobrecargado, él podía comprar material de limpieza y atender los encargos que Matthew no podía asumir. A cambio, le daría a Matthew un pequeño porcentaje de las ganancias.

Bill siempre había tenido una buena relación con su suegro, quien trabajaba en la Guardia Costera y se dedicaba a patrullar la costa para garantizar la seguridad de ésta. Su suegro consideró que el negocio de limpieza tenía posibilidades –incluso en épocas de recesión era necesario limpiar las oficinas– y le prestó a Bill el dinero que necesitaba para empezar.

A principios de otoño, Bill empezó a trabajar limpiando y renovando oficinas. La mayoría de los encargos consistían en vaciar, limpiar y después repintar las oficinas.

A Bill le salió uno de estos encargos en Billericay, un pequeño pueblo rural situado a dieciséis kilómetros de Southend. Le encantaba el ambiente de Billericay, los amplios campos que por la noche la escarcha volvía plateados y el sol reluciendo en los edificios de la calle principal durante el día. Algunos edificios eran bastante antiguos. Las calles aún parecían resonar con los ecos de los caballos y los elegantes carruajes a bordo de los cuales las damas y los caballeros solían dar tranquilos paseos.

Los primeros días Bill trabajó solo. Sólo hacía falta limpiar y, aunque evidentemente se trataba de una tarea agotadora, prefería quedarse con todo el dinero antes que compartirlo. Su familia lo necesitaba. Cuando hacía falta pintar, Bill contrataba a dos amigos suyos. Pintar era un trabajo delicado. Si se hacía con prisa, el resultado se resentía. Bill siempre se enorgullecía de su trabajo.

◆ ◆ ◆

Llegó el mes de octubre, con sus noches de la luna de la cosecha y los páramos cubiertos por la niebla. Sin ninguna razón aparente, Bill empezó a sentir el impulso de levantarse a medianoche y acercarse a la ventana para mirar a través de ella. Se quedaba observando la luna durante mucho rato. Era como si la luna guardara un secreto que le pertenecía; un secreto que Bill trataba de descubrir observándola.

A veces, un escalofrío le recorría el cuerpo mientras lo hacía. A regañadientes, pensaba en el día que había destrozado el poste de madera en el patio trasero de la casa de sus padres y la extraña frialdad que lo había embargado. ¿La frialdad que sentía ahora era la misma? Mientras continuaba observando la luna llena y plateada, su mente se llenó de imágenes de lobos.

Miró por encima del hombro y, en la penumbra de la habitación, vio a Abby, su mujer, durmiendo en la cama. Se sintió culpable y avergonzado de estar allí de pie, frente a la ventana, pensando en semejantes cosas acerca de sí mismo. Era un hombre de familia respetable. No debería imponer sus alocadas ideas a la familia que tanto amaba.

Y, a pesar de todo, sentía algo, una necesidad que crecía en su interior mientras permanecía frente a la ventana durante su vigilia nocturna.

Pero ¿qué era exactamente?

De momento, no creyó que fuera la ira.

Por el momento, no se sentía poseído por ninguna fuerza sobrehumana.

Por el momento, no sentía la necesidad de atacar a nadie ni hacerle daño.

Finalmente, se convenció a sí mismo de que últimamente había sufrido mucho estrés debido a la situación económica y que su mente le estaba jugando una mala pasada. No era ningún lobo; sólo era un hombre. No era un asesino, sino una persona pacífica y cristiana amante de Dios. No era una aterradora criatura de la noche, sino un padre respetable cuyos hijos le adoraban.

Estaba cansado.

Eso era todo.

Duerme un poco.

Te sentirás mejor.

De modo que volvió a la cama y se deslizó bajo las sábanas junto a la reconfortante calidez de su mujer. Era una buena mujer. Cerró los ojos y se dio la vuelta. *Muy pocas horas de sueño y demasiada imaginación.* Después de descansar, se sentiría mejor. Mucho mejor. Estaba convencido.

◆ ◆ ◆

Durante las primeras semanas del otoño, Bill intentó convencerse a sí mismo de que no le ocurría nada serio. Siguió realizando las tareas que le encargaban brindando a todo el mundo su habitual sonrisa fácil. Si algo le preocupaba, nadie se dio cuenta de nada. A Bill no le gustaba que los demás cargaran con sus problemas.

Una tarde, cuando salió tarde para comprar algunas cosas que necesitaba su mujer, Bill pasó por delante de una iglesia. Era una iglesia que conocía bien porque pasaba por delante de ella casi todos los días. No obstante, aquella noche, recortada contra la luna llena y con las nubes recorriendo el cielo, el chapitel tenía un aspecto majestuoso. Tuvo en él un efecto muy profundo. Aunque no podía precisar su naturaleza, tuvo la sensación de que Dios estaba a punto de interesarse de un modo muy personal en su vida.

Sin embargo, se preguntó si aquella sensación no sería también producto de su imaginación, como lo habían sido los sueños en los que se veía a sí mismo como un lobo. *Estaba cansado, eso era todo. Haz la compra, vuelve a casa, ve un poco la tele y luego acuéstate pronto.* Aun así, durante unos cuantos días tuvo muy presente la imagen del chapitel de la iglesia recortado contra la luna llena otoñal. No sabía muy bien por qué, pero la imagen le resultaba reconfortante.

◆ ◆ ◆

El encargo avanzaba a buen ritmo.

Sus amigos, Jeremy Wright y Scott Bursnell, demostraron ser unos trabajadores fiables. Terminada la jornada laboral, a veces los tres hombres se tomaban juntos unas cervezas en un *pub* cercano. Aunque sus esposas probablemente hubieran preferido que fueran directamente a casa, los hombres pasaban un buen rato de lo más inofensivo en el *pub,* y siempre se aseguraban de que uno de ellos estuviera sobrio para poder conducir.

Un domingo en particular fue especialmente duro para los tres hombres. Llevaban trabajando prácticamente sin descanso desde el viernes por la noche, por lo que el domingo estaban exhaustos. De camino a casa, uno de ellos sugirió que se tomaran unas cervezas.

—¿En domingo?

—¿Por qué no? Nos lo merecemos, ¿no?

Nadie podría haberlo discutido después del modo en que habían trabajado los últimos días.

Detuvieron el vehículo delante del *pub* y entraron. En cuanto cruzó el umbral, Bill notó un escalofrío recorriéndole todo el cuerpo. Aunque se estremeció, lo achacó al hecho de que la temperatura había descendido varios grados en las últimas horas. Aquél era el primer día de otoño en que el viento nocturno auguraba la llegada del invierno. Después de tomarse unas cuantas cervezas, el escalofrío que había sentido al entrar quedó definitivamente olvidado.

Aquella noche, Bill bebió con un fervor poco habitual en él. Normalmente moderaba el consumo para evitar emborracharse. A medida que se hacía mayor, más le costaba sobrellevar las resacas. Entonces le sorprendía haber podido salir y beber hasta altas horas de la noche cuando era un chaval. A su edad, ya no tenía la constitución para seguir haciéndolo.

El *pub* era un local respetable donde la mayoría de los clientes eran obreros. Además de la compañía, siempre había alguien jugando a los dardos o a las cartas, pero nunca eran partidas «serias», sino sólo para pasar el rato.

Los tres hombres se quedaron unas cuantas horas y después se marcharon. Antes, sin embargo, Bill fue al baño de caballeros.

Cuando se estaba lavando las manos, se miró en el espejo.

Y se quedó petrificado.

En la pulida superficie vio la imagen de un lobo.

Se puso a reír a carcajadas. Era evidente que estaba muy cansado. La imagen duró sólo un instante, y después volvió a ver el rostro que le resultaba tan familiar: el suyo propio.

Estaba empeorando, alucinando. Como los chavales de su generación solían alucinar cuando tomaban LSD, una sustancia que a Bill siempre le había dado mucho miedo y de la que se había mantenido alejado. Se lavó la cara, volvió a reírse ante su propia insensatez y salió del baño.

◆ ◆ ◆

Por la noche, la campiña inglesa es especialmente pintoresca, con su arquitectura de varios siglos de antigüedad y los pequeños pueblos inmortalizados por William Wordsworth y Agatha Christie.

De camino a casa, Scott Bursnell recorrió al volante del vehículo un tramo de campo de estas características. Era un buen conductor y estaba bastante sobrio. En el asiento trasero iban Bill y Jeremy. El asiento delantero estaba lleno de material para pintar. Obviamente, Bill y Jeremy habían bebido bastante más que Scott.

Al cabo de media hora, Bill empezó a sentir cómo el extraño impulso pugnaba por dominar de un modo irresistible su mente consciente. Posteriormente, describiría así la experiencia: «¿Alguna vez has pensado algo tan horrible que has intentado apartarlo de tu mente de inmediato? Pues eso es lo que me ocurrió aquella noche. Estaba sentado en el asiento trasero, al lado de Jeremy, y de repente sentí la abrumadora necesidad de agarrarle y hacerle daño».

Su mente se llenó con las imágenes del lobo y volvió a notar cómo un escalofrío le recorría todo el cuerpo. Se le erizó el pelo de los brazos y las piernas.

Hizo todo lo posible por contener el impulso. Observó el paisaje a través de la ventanilla lateral mientras se clavaba las uñas con tal fuerza en la palma de las manos que se hizo sangre.

Entonces pensó en las garras de un lobo. Un lobo también podía provocar heridas que sangran. Se puso a rezar. Volvió a pensar en la imagen del chapitel de la iglesia, recortada contra la luna llena, plateada. «Dios santo, ayúdame».

«Por favor, no permitas que me convierta en un…».

Oyó un rugido que nació en su vientre, le subió por la garganta y escapó por la boca. Sus amigos también lo oyeron. El inconfundible sonido ronco que producen los lobos.

—Oye, ¿qué demonios te pasa? –dijo Scott desde el asiento delantero.

Su voz transmitió la incomodidad que parecía sentir. Un trayecto habitual en coche de repente había adquirido un matiz de pesadilla. Tres hombres circulando en un vehículo a altas horas de la noche, en un tramo desierto del país, y uno de ellos empieza a gruñir como un lobo. ¿Quién no se asustaría?

—Para un momento en el arcén –dijo Jeremy.

Era evidente que él también estaba asustado por los sonidos que estaba haciendo Bill. Aunque sabía que, probablemente, les estaba gastando una broma, los gruñidos eran terriblemente convincentes. Jeremy tenía miedo.

Y entonces, sin previo aviso, Bill se abalanzó sobre él.

El ataque se prolongó unos cinco minutos. Bill lo agarró con unas manos que parecían garras mientras de su garganta brotaban unos terribles gruñidos y aullidos.

Jeremy empezó a gritar pidiendo ayuda. Sin embargo, por mucho que le golpeara con los puños en la cabeza y los hombros, Bill no cejaba en su empeño. En un momento dado, incluso intentó morderle la pierna.

Scott detuvo el coche en el arcén y se dio la vuelta para intentar detener la pelea. Aunque no había mucha luz, le pareció que la cabeza y las manos de Bill eran distintas, con una forma que recordaba a la de un lobo. Además, los dientes y los ojos le relucían en la oscuridad.

—¡Déjale en paz! –le gritó Scott.

Por entonces, a Jeremy Wright ya no le cabía ninguna duda de que estaba en una auténtica pelea. Utilizó los puños, los codos e incluso la frente para intentar mantener a raya a Bill Ramsey.

—¡Ya me has oído! –insistió Scott.

Scott y Jeremy tardaron varios minutos en contener a Bill Ramsey. Lo acorralaron en un rincón del vehículo y lo inmovilizaron hasta asegurarse de que empezaba a calmarse.

El brillo de sus ojos se desvaneció finalmente, los dientes desaparecieron detrás de los labios y sus manos crispadas recuperaron su forma habitual. Un sonido quejumbroso nació en lo más profundo de su pecho y subió por su garganta.

—¡Dejadme salir de aquí! –gritó. Se zafó de ellos y se internó en la noche.

◆ ◆ ◆

Se detuvo al borde de un espeso bosque.

Lo primero que hizo fue mear. Bastante lejos de donde estaba, sus dos amigos, quienes seguían de pie al lado del coche, no dejaban de llamarle a gritos, pero a él no le importaba. Se subió la cremallera y empezó a caminar por el linde del bosque. Intentó reconstruir lo que había ocurrido en los últimos veinte minutos, pero no pudo. Recordaba estar en el asiento trasero de su coche junto a Jeremy, se lo estaban pasando en grande, y de repente…

De repente, ¿qué?

No podía pensar con claridad ni componer una imagen clara de lo que había pasado. Se dio la vuelta para mirar en la dirección del vehículo. Aunque aún deseaba recordar qué había ocurrido, en ese momento se sentía estúpido.

Tampoco era para tanto, sólo habían sido unos cuantos arañazos. Eso era todo. Un altercado de borrachos. Nada importante, de eso estaba seguro.

Empezó a caminar de regreso al coche para reunirse con sus amigos. Después de todo, el coche junto al que estaban era el suyo. ¿Por qué no debería regresar junto a ellos?

—¿Estás bien? –le preguntó Jeremy al reconocerlo.

—Perfectamente.

—¿Estás seguro? –insistió Scott.

—Claro que estoy seguro. ¿Por qué no habría de estarlo?

Trató de obviar los recuerdos que empezaban a agolparse en su conciencia. «Soy un lobo, con un hambre de lobo. Esta noche he intentado hacerle daño a mi amigo Jeremy. Algún día lo mataré, sé que lo haré».

Estaba acostumbrado a los típicos juegos mentales del alcohol. Hacen que algunas cosas parezcan reales cuando en realidad no lo son. Sólo eran miedos y fantasías inconscientes. Claro que no había intentado hacerle daño a Jeremy. Estaba convencido.

Sin dirigirles ni una palabra más a ninguno de sus dos amigos, se sentó en el asiento trasero del coche y cerró la puerta. Scott y Jeremy se miraron. Qué comportamiento más extraño por parte de su amigo. Scott volvió a sentarse al volante. Esa vez, después de apartar algunas cosas, Jeremy se sentó en el asiento delantero, al lado de Scott. No quería volver a sentarse cerca de Bill.

◆ ◆ ◆

—Bill.

—¿Eh? ¿Qué pasa?

—Me estás asustando.

—¿Yo?

—Haces unos ruidos extraños.

—¿Ronquidos?

—No, no es eso.

—Ah, ¿no?

Habían pasado cuatro horas desde que dejara en casa a sus amigos y condujera hasta la suya. Se había metido directamente en la cama y se había quedado dormido enseguida. Ni siquiera los sueños habían perturbado su descanso.

—¿Quieres hablar? –le preguntó Abby en la oscuridad del dormitorio.

—¿Sobre qué?

—Sobre lo de esta noche.

—¿A qué te refieres?

—Nunca te había visto así. No dejas de dar vueltas y de hacer ruidos. Gruñidos.

Se irguió sobre la cama. Tenía el cuerpo cubierto por una pátina de sudor frío y la boca seca. Tenía mucha sed.

—Estoy bien –dijo.

—¿No quieres hablar?

Bill se lo pensó un instante.

—¿Qué tal mañana por la mañana?

—Bill. Estoy asustada. ¿Va todo bien?

—Sí, claro.

—¿Estás seguro?

—Completamente. Vuelve a dormir. Necesitas descansar.

Abby se inclinó para darle un beso tierno en la mejilla.

—Te quiero, Bill. Sea lo que sea, estoy segura de que todo se arreglará.

—Buenas noches –dijo pegando su cabeza a la suya.

Tres horas después se despertó por segunda vez. Era muy tarde y estaba muy oscuro. Había estado soñando con un campo de hierba en un día gris. Entonces había empezado a lloviznar. Un animal corría por la alta hierba, huyendo de algo. El animal era un lobo, y Bill le instaba a *correr más, más rápido*.

Llegaron dos cazadores a caballo. Los hombres portaban largos rifles. Era evidente que pretendían matar al lobo. *Corre más rápido. Más rápido*.

Y entonces despertó, nuevamente bañado en sudor, con la boca seca y ligeramente desorientado. Ya no se sentía como Bill Ramsey. Se sentía como… un extraño. No había otra forma de describirlo.

Se levantó y se acercó a la ventana. Como en el sueño, caía una llovizna suave y brumosa. El cristal de la ventana estaba empañado de gotas de lluvia.

La luna tenía un halo brillante y brumoso. Pensó en todas las historias del rey Arturo y Excalibur que había leído de niño. Se decía que la luna tenía aquel aspecto en los tiempos de Arturo.

Volvió a mirar hacia la cama, donde su mujer dormía. «Sea lo que sea, estoy segura de que todo se arreglará». No se merecía una mujer tan buena. Le entraron ganas de llorar. Poco después, congelado, volvió a la cama y se deslizó bajo las sábanas.

◆ ◆ ◆

Durante el desayuno, cuando los niños se hubieron marchado a la escuela, trató de explicarle a Abby lo que había pasado la noche anterior. En la mañana soleada, todo parecía bastante inofensivo: *tuve la aterradora sensación de que iba a convertirme en un lobo. Me abalancé sobre Jeremy e intenté morderle la pierna. Y después me quedé de pie en el linde del bosque y sentí que…*

Se detuvo.

—¿No quieres continuar? –dijo Abby.

—Parece una locura, ¿verdad?

—Puede que sea una locura, Bill, pero me preocupa.

Bill sonrió.

—¿Me estás diciendo que realmente crees que me estoy convirtiendo en un lobo?

—Ya sabes a lo que me refiero. Pero me preocupa que tú *creas* que podrías estar convirtiéndote en un lobo. –Alargó una mano por encima de la mesa y tocó la de su marido–. Últimamente has estado trabajando mucho, ya te lo he dicho otras veces. Necesitas tomarte algo de tiempo libre y pasártelo bien.

Bill se encogió de hombros.

—Cuando tengo un encargo, he de trabajar. Especialmente con la situación económica que tenemos.

—Pero ¿no podrías tomarte al menos las tardes libres?

—Supongo que sí.

—Me gustaría volver a hacer cosas con toda la familia. Los niños lo echan de menos, y yo también.

A la luz del sol, enfrentado a la sabiduría de las palabras de su mujer, Bill Ramsey comprendió que algo tan poco siniestro como el agotamiento era el responsable de todos sus problemas. Los hombres no pueden convertirse en lobos.

Durante la mayor parte de su vida había cargado con un terrible secreto, desde el incidente en el patio trasero de la casa de sus padres. El convencimiento de ser un bicho raro, distinto al resto de la gente. Sin embargo, entonces, gracias al razonamiento de su mujer, comprendió que era un hombre normal y corriente que había permitido que su imaginación se hiciera con el control de su vida.

Cuando volvió a encontrarse a Jeremy y Scott, los invitó a unas cervezas y les dijo:

—¿Os ha atacado algún lobo últimamente?

—La otra noche te comportaste como un imbécil –le dijo Jeremy con una sonrisa.

—Sólo quería comprobar si podía sacudirte un poco.

Jeremy y Scott intercambiaron una mirada. Entonces, Scott volvió a mirar a Bill y le dijo:

—Entonces, ¿no iba en serio?

Bill rio forzadamente.

—Claro que no. Os estaba tomando el pelo.

Los rostros de sus amigos mostraron un evidente alivio.

—Pues lo conseguiste –dijo Jeremy.

—Y nos asustaste mucho –añadió Scott.

Bill levantó una mano.

—Nada de lo que preocuparse, caballeros. Nada en absoluto.

A pesar de su escepticismo inicial —sus amigos no parecieron creerse la historia de la broma—, después de tres cervezas quedó claro que sus amigos entonces le creían y que él podía seguir adelante con su vida.

Y eso es exactamente lo que hizo.

Entrevista a Abby Ramsey

—Durante el año y medio siguiente, nuestra casa fue una casa feliz. El sector de la construcción volvió a repuntar y Bill pudo traspasar el negocio de limpieza y retomar su auténtica vocación: la carpintería.

»No obstante, como hacía habitualmente, de vez en cuando aceptaba algún que otro encargo extra. Bill es una de esas personas que se sienten culpables si dejan escapar la oportunidad de ganar algo de dinero para su familia. Yo solía decirle medio en broma que tenía que encontrar la forma de ganar dinero mientras veía la tele, así no se sentiría culpable cuando se relajaba.

»Bill trabajaba por entonces en una empresa de taxis. Se encargaba de atender la radio y repartir las carreras entre los taxistas. Le encantaba el trabajo. Los taxistas cuentan un montón de historias, y de las buenas. El primer mes parecía un niño con zapatos nuevos. Esperaba con ansiedad que fueran las siete en punto, la hora en que empezaba su turno.

»Con el tiempo, por supuesto, parte de ese entusiasmo se desvaneció. Pasarte el día repartiendo carreras es un trabajo muy pesado. Pero el sueldo era bueno, y sus compañeros eran muy agradables.

»Como he dicho antes, nuestra vida nunca había sido mejor. Los niños crecían rápido y sacaban buenas notas en la escuela, además de estar ocupados con diversas actividades extraescolares que les encantaban.

»Oyes tantas noticias sobre los problemas a los que deben enfrentarse las familias actuales, desde relaciones sexuales antes del matrimonio a niños que consumen drogas. Pero nuestra familia no era así. Todo lo contrario. Bill y yo siempre hemos tenido claro que debíamos educar a nuestros hijos según unos principios anticuados, y la fórmula nos ha funcionado.

»El incidente con Jeremy Wright estaba olvidado.

»De vez en cuando, cuando me detenía a pensar en ello, me preocupaba un poco.

Aún me resultaba extraño que Bill hubiera estado tan obsesionado con la idea de que podía transformarse en lobo. Sin embargo, no era algo en lo que pensara demasiado.

»Aunque, por supuesto, nunca bajé la guardia.

»Había leído en alguna parte que algunos hombres se guardan todos los problemas dentro y que un día, de repente, tienen un ataque de nervios.

Sabía que debía estar atenta a determinadas señales, pero nunca reconocí ninguna de ellas en Bill. Dormía y comía bien, normalmente estaba de buen humor y trataba a su familia maravillosamente. La casa estaba llena de risas todos los días. Bill siempre ha sido un gran bromista. Le encanta reír y hacer reír a los demás. Por tanto, cuando está en casa, siempre nos gasta pequeñas bromas para hacernos reír.

»Estaba convencida de que, si le vigilaba de cerca, no podía sucederle nada malo. O al menos eso pensaba. Pero, poco a poco, las cosas empezaron a cambiar. Me di cuenta, sobre todo, por sus hábitos de sueño.

◆ ◆ ◆

»Según las luminosas manecillas del reloj, eran las 3:28. No sabía exactamente por qué me había despertado.

»La habitación estaba a oscuras. Por alguna razón que desconocía, el corazón me latía con fuerza y me temblaban las manos.

»Algo aterrador había sucedido.

»Entonces vi a Bill de pie frente a la ventana, su silueta recortada por la luz de la luna.

»Y oí el sonido ronco y gutural que brotaba de su garganta.

»—¿Bill? –dije.

»Él no contestó. Sin embargo, oí otro sonido gutural cuando giró la cabeza para mirarme.

»—¿Bill? ¿Estás bien?

»Aparté las sábanas e hice ademán de acercarme a él.

»—Quédate ahí, Abby.

»—¿Pero qué pasa?

»Volvió a girar la cabeza hacia la ventana, hacia la luna llena y plateada enmarcada perfectamente en el cristal.

»—Vuelve a dormir, Abby –dijo suavemente.

»Entonces me di cuenta de que estaba llorando. Bill no es un hombre de lágrima fácil.

»—Bill.

»—Por favor, Abby. Tienes que confiar en mí. Es mejor que vuelvas a dormirte. Por favor.

»No estaba segura de lo que había sucedido. Lo único que sabía con certeza era que algo terrible se había apoderado de él.

»Me quedé despierta durante una hora, observando su silueta enmarcada por la luz de la luna. Se llevó las manos a la cara en varias ocasiones, hurgando, palpando, como si quisiera asegurarse de que seguía siendo su propio rostro y no el de un…

»Finalmente, dos horas después, se deslizó bajo las sábanas a mí lado y enseguida se quedó profundamente dormido.

»Por la mañana, Bill no mencionó el incidente y yo tampoco lo hice. No entendía por qué sus problemas con el «lobo» habían vuelto a aparecer, pues sabía que había hecho todo lo posible por dejarlos atrás.

◆ ◆ ◆

Sólo estaban de acuerdo en una cosa: la inquietante sensación de deformidad tácita con la que el fugitivo impresionó a sus observadores.

—ROBERT LOUIS STEVENSON
Dr. Jekyll y Mr. Hyde

La bestia enjaulada

Taxi driver es una de las películas más memorables de la década de los setenta. La película describe la vida solitaria y psicótica de un taxista de Nueva York, Travis Bickel, en su deambular nocturno por las calles de la metrópolis.

Prostitutas, pervertidos, asesinos, estafadores... Travis se encuentra a diario con todo tipo de gente, y le repugna tanto lo que ve como lo que oye. La película termina con una espiral de violencia que las personas que transitan por su taxi han hecho inevitable.

Algunas noches, Bill Ramsey comprendía perfectamente cómo debía de sentirse Travis Bickel. Algunas noches, las historias que le contaban los taxistas le ponían enfermo. El adulterio le repugnaba especialmente. Los niños eran los que pagaban las consecuencias de aquellos encuentros, y nada le mortificaba más que hicieran daño a los niños.

Sin embargo, a Bill le encantaba su trabajo en la empresa de taxis. Al ser una persona muy sociable, disfrutaba hablando con personas de todo tipo, y en los taxis uno puede encontrar todo el espectro de la naturaleza humana.

◆ ◆ ◆

La Navidad de 1983 fue una época especialmente buena para la familia Ramsey. El espíritu navideño dominaba el hogar. Abby se dedicaba a cantar villancicos por toda la casa y el salón resplandecía con las coloridas lucecitas del árbol de navidad.

Aunque a Abby le hubiera gustado que Bill pasara más horas en casa, entendía que debía hacer horas extra en la empresa de taxis para poder comprar a los niños todos los regalos que querían. Algunas noches, Bill volvía a casa a las siete para cenar con la familia y, una hora después, regresaba a la empresa de taxis para trabajar unas cuantas horas más. Abby se aseguraba de servir una cena caliente y abundante para que Bill estuviera bien alimentado durante el resto de la noche.

Una noche, Bill comió con una ferocidad cuasi animal. Tal vez trabajar en la construcción y en la empresa de taxis empezaba a pasarle factura.

Bill volvía a tener aspecto agitado y cansado.

—¿Estás bien, Bill?

—Sí, pero tengo prisa –repuso levantando la vista del plato.

—No deberías comer tan rápido.

Él se limitó a sonreír.

—Estoy bien, cielo.

—¿Seguro?

Bill asintió y continuó comiendo.

Pocos minutos después, estaba listo para regresar al trabajo. En la puerta, mientras Abby le ayudaba a ponerse el abrigo, le rozó el cuello con la mano y notó que tenía la piel anormalmente fría. Aquello hizo que empezara a preocuparse de verdad.

—Bill.

—Sí.

Él se dio la vuelta y se la quedó mirando.

—¿Por qué no te quedas en casa esta noche?

—Ya sabes que no puedo. Me esperan en la empresa de taxis.

—Pero no tienes buen aspecto.

Bill se inclinó y le dio un beso.

—Sólo estoy cansado. De verdad.

Abby cerró los ojos y pronunció una oración silenciosa.

Cuando Bill abrió la puerta, un fuerte viento arrastró la nieve hasta el umbral de la casa. El viento era gélido. Bill encogió los hombros, preparándose para hacer frente al vendaval y se internó en la noche.

Abby pensó en lo solitario que parecía, caminando de aquel modo de regreso al trabajo. Entonces, a unos cuantos metros de la casa, Bill se dio la vuelta y la saludó con la mano. Su rostro se iluminó con una sonrisa rápida y jovial, como si con ella quisiera asegurarle que todo se solucionaría.

La bestia se libera

Los norteamericanos aún suelen evocar la imagen del *bobby* inglés como un regordete policía que se dedica a patrullar las calles neblinosas a medianoche. Es posible que esto fuera así en la Inglaterra victoriana, pero, actualmente, el agente de policía británico no se diferencia mucho de su homólogo estadounidense. Ambos conocen perfectamente la rutina policial, desde la recopilación de pruebas a las relaciones públicas. Por lo que se refiere a la gordura, en Inglaterra la población es tan consciente de la importancia de la condición física como en el resto del mundo, y a los agentes de policía se les alienta (cuando no se les ordena) a mantenerse en forma.

La noche del lunes 5 de diciembre de 1983, un joven policía se enfundó el uniforme por sexta vez en su corta carrera. Antes de irse a trabajar aquella noche, le dio un beso a su mujer, como hacía siempre, pasó unos minutos con el bebé en su habitación y después fue a la cocina del apartamento para servirse otra taza de café. Cuando terminara el turno, cerca del amanecer, habría añadido unas cuantas tazas más a su organismo. Su joven mujer siempre había sido muy sensible a sus estados de ánimo, y aquella noche se dio cuenta de que algo no iba del todo bien.

Se apoyó en el marco de la puerta y contempló a su marido, el cual estaba observando la calle a través de la ventana. Y entonces recordó la noche previa a los exámenes de ingreso en el cuerpo de policía. Su marido había estado tan tenso que apenas había articulado palabra y se quejaba de un dolor de cabeza continuo, algo que rara vez le ocurría. Cuando le había conocido, le pareció un hombre que siempre mantenía la calma en cualquier situación. Sin embargo, a medida que pasaba más tiempo a su lado, aprendió a reconocer las pequeñas señales que revelaban sus auténticos sentimientos. Aquella noche no dejaba de aclararse la garganta. Lo hacía más o menos cada medio minuto, y a veces tosía con tanta violencia que se le sacudía la parte superior del cuerpo.

Algo no iba bien.

Se acercó a él por detrás y deslizó suavemente un brazo alrededor de su cintura. Ella también se puso a mirar por la ventana. Y entonces se le escapó la risa. Aunque solían hacer aquello a menudo, lo cierto es que la vista desde la ventana no era nada del otro mundo, un simple callejón estrecho y sombrío y la silueta de varias casas victorianas medio derruidas recortadas contra el cielo iluminado por la luna. Pobreza elegante, supuso que era la mejor forma de describirlo. En cuanto su marido consiguiera su primer ascenso, podrían plantearse la posibilidad de mudarse a un barrio mejor, pero de momento…

—¿Está bueno el café? —le preguntó en voz baja.

—Sí, gracias. —Era un gran amante del café.

—¿Te encuentras bien, cariño?

—Claro. ¿Por qué lo preguntas?

—No dejas de aclararte la garganta.

Él sonrió y la abrazó.

—Mi mujer, la psiquiatra.

—Bueno, leí en una revista que los pequeños hábitos nerviosos son una señal de estrés y ansiedad.

—De modo que ahora estoy estresado y ansioso, ¿no es eso?

Ella lo miró y la sonrisa desapareció de sus tersos y hermosos labios.

—Eso parece, cielo. ¿Qué te pasa?

Ella se sorprendió cuando él se tomó en serio la pregunta.

—No estoy seguro.

—¿En serio?

—Es sólo… una sensación. No sé muy bien cómo describirla.

—¿Qué tipo de sensación?

—Miedo –dijo él sin dudarlo.

—¿Como Rudkin aquella vez?

Rudkin era un policía de Londres al que conocían bastante bien; las dos familias solían ir a menudo de pícnic. Cierto día, según explicó más tarde Flo, la mujer de Rudkin, éste se sentó en el borde de la cama para ponerse los calcetines y empezó a temblar descontroladamente, como si su sistema nervioso estuviera desquiciado. Rudkin llamó a su mujer a gritos.

Cuando Flo llegó al dormitorio, vio como su marido trataba de contener los temblores. Cogió una manta, se la echó por encima y se sentó a su lado. Pese a abrazarlo tan fuerte como pudo, tardó unos quince minutos en conseguir que dejara de temblar. Ella insistió en que lo mejor era llamar a la comisaría para decirles que estaba enfermo, pero él no se lo permitió. Su orgullo no le permitía pedir la baja por enfermedad. Le había visto ir a trabajar con una fiebre de hasta 40 grados.

Finalmente, cuando consiguió hacerle hablar un poco, Rudkin le contó que estaba afeitándose en el cuarto de baño y que se había formado una imagen en su cabeza, la imagen de un espectro vestido de negro. Bajo la capucha, sólo pudo distinguir unos ojos que lo miraban fijamente. Entonces, cuando el espectro alargó una mano, vio que era la mano de un esqueleto, todo huesos duros y fríos. Poco después, la imagen se había desvanecido.

Tras regresar al oscuro dormitorio, la luz del diminuto cuarto de baño derramándose aún por el suelo, se sentó para ponerse los calcetines y los pantalones. Y entonces empezaron los temblores.

—Pero ¿por qué? –preguntó Flo.

—Porque he reconocido al espectro.

—¿Quién era, cariño?

—La muerte –dijo Rudkin–. Era la muerte.

—¿Tienes miedo de ir a trabajar esta noche?

—Sí.

—¿Crees que puede pasarte algo?

—Sí.

—¿Crees que tu vida corre peligro?

—Tal vez –dijo Rudkin volviéndose para mirar a su mujer.

Pese a sus dudas y las protestas de su mujer, Rudkin fue a trabajar, y siete horas y media después moría a manos de un rufián que había entrado en una tienda de comestibles situada en la londinense calle de Charing Cross para atracarla, y que además lo hizo al estilo norteamericano, es decir, con un revólver.

El atracador le disparó tres veces en el pecho. El agente estaba muerto antes de que llegara la ambulancia. En Inglaterra no mueren muchos policías –en un año normal, sólo siete personas mueren asesinadas por armas de fuego en Gran Bretaña–, y, aun así, Rudkin murió exactamente de ese modo.

Entonces, la joven mujer del agente de policía dijo:

—¿Estás pensando en Rudkin?

—Supongo que sí.

—Siempre puedes llamar para decir que estás enfermo.

Él sacudió la cabeza.

—No quiero hacer eso. De todos modos… –La atrajo hacia él y forzó una tímida carcajada para indicarle que no quería seguir hablando del tema–. De todos modos, en la academia nos dijeron que muchos tendríamos «premoniciones» parecidas a ésa, pero que descubriríamos que son infundadas.

—La de Rudkin no fue infundada.

—No –dijo, y volvió a sonreír–. Pero estoy seguro de que la mía sí lo es.

Volvió a abrazarla, fue al fregadero, enjuagó la taza y la colocó boca abajo en el escurreplatos.

Se dio la vuelta para mirarla.

—Estaré bien. Tranquila.

—Lo sé, cariño –dijo, aunque en realidad no se sentía tan segura, sino todo lo contrario.

Después de que él cogiera el abrigo, la besara y bajara las empinadas escaleras que conducían a la calle, la mujer empezó a rezar el rosario, pensando especialmente en su marido.

♦ ♦ ♦

Aquella misma noche, aunque algo más tarde, Bill Ramsey regresaba a la empresa de taxis cuando sintió un intenso dolor en el pecho. Aunque normalmente tomaba un antiácido para combatir aquel tipo de malestar, Bill supo que en aquella ocasión no serviría de nada. Siempre le había preocupado sufrir un ataque al corazón. Aunque el cáncer era ciertamente una terrible condena, y pese a no tener ningunas ganas de irse apagando lentamente como les había ocurrido a muchas personas que conocía, la idea de tener un ataque al corazón le resultaba aún más aterradora. En un instante estás vivo y lleno de energía y, al siguiente, estás muerto.

Bill detuvo el vehículo junto a la acera y se presionó el pecho con las manos mientras intentaba volver a respirar con normalidad. Pero el dolor se agravó y su respiración se hizo aún más irregular; empezó a jadear ostensiblemente. Un sudor frío le cubrió gran parte del cuerpo. Aterrorizado ante la posibilidad de morir allí mismo, volvió a poner el coche en marcha y se dirigió hacia el cercano Hospital General de Southend.

Se dirigió directamente a la entrada de urgencias y buscó aparcamiento. Cuando bajó del coche, un intenso dolor en el pecho y el brazo derecho hizo que se desplomara de espaldas contra la puerta del vehículo. Tuvo la inequívoca sensación de que se estaba muriendo, de que la totalidad de su organismo se apagaba. En ese momento, la puerta de urgencias le pareció que estaba demasiado lejos, como si estuviera observándola a través de un telescopio invertido.

Dio un paso adelante y después otro. Y empezó a caminar de nuevo. Aunque le hubiera gustado pedir ayuda, no quería malgastar las pocas fuerzas que le quedaban. Las necesitaría todas para llegar la sala de urgencias.

Cuando alcanzó finalmente la entrada, sintió la familiar sensación gélida subiéndole por las piernas y extendiéndose por el torso. Recordó sus anteriores experiencias como «lobo» y le pidió a Dios que, por favor, no permitiera que volviera a pasarle lo mismo.

El vestíbulo de la sala de urgencias estaba vacío. Dos enfermeras enfundadas en uniformes blancos y almidonados estaban sentadas detrás de un largo mostrador, consultando historias clínicas de los pacientes. Una música suave y agradable salía de los altavoces empotrados en el techo. El aire tenía un olor a medicamento que resultaba levemente tranquilizador.

En cuanto Bill abrió la puerta, las enfermeras levantaron la vista y le vieron. Una de ellas pareció alarmarse más que la otra; salió corriendo desde detrás del mostrador y acudió en su ayuda. La otra se puso de pie poco después y también corrió en busca de una camilla. Las enfermeras le ayudaron a tenderse con cuidado en la camilla y después la empujaron por un largo pasillo que daba a una serie de salas vacías en las que se atendía a los pacientes de urgencias.

A aquellas horas de la noche, en el hospital se respiraba una atmósfera curiosamente relajada. Bill no toleraba la sangre ni el dolor ajeno. Sólo había estado una vez en urgencias, cuando tuvo que acompañar a una niña que se había hecho una fractura tan grave que el hueso le sobresalía de la pierna.

La visión le había dado asco y miedo a partes iguales, y se había sentido totalmente impotente. Aunque quería ayudar a la niña, sabía que era incapaz de hacerlo. *Gracias a Dios que existen enfermeras y médicos.*

—¿Cómo se siente?

Habían pasado diez minutos desde que llegara al hospital.

—Supongo que mejor –contestó.

Estaba tendido boca arriba en una habitación pequeña y muy blanca. Los zapatos de las enfermeras chirriaban cuando éstas se desplazaban de un lugar a otro. Los altavoces llamaban constantemente a los médicos para que se presentaran en esta o aquella planta.

Bill estaba congelado y pidió una manta. Una de las enfermeras fue a buscarle una. Después de cubrirlo con ella, le colocó alrededor del brazo un tensiómetro y lo apretó.

—No se mueva mucho, Bill.

—De acuerdo.

Una enfermera le tomó la presión y la otra anotó el resultado. A continuación, la primera enfermera le tomó el pulso.

—¿Qué tal estoy? –preguntó Bill.

Aunque estaba en un hospital y había muchas enfermeras cerca, eso no significaba que no pudiera morir de un ataque al corazón.

—Bien.

Por la forma en que lo dijo, Bill supo que sólo pretendía tranquilizarlo. No tenía la menor idea de cómo estaba en realidad.

Se preguntó si continuarían haciéndole pruebas o si llamarían a un cardiólogo para que le hiciera un análisis de sangre para comprobar si había algún indicio de alteración enzimática. Si la había, era probable que hubiera tenido un ataque al corazón. Se imaginó en la unidad de atención cardíaca, conectado a máquinas para monitorizarlo. Tal vez tendrían que realizarle una angioplastia o un baipás. No quería pensar en eso. Ya tenía suficiente estrés.

Y entonces notó como empezaba a formarse el familiar rugido en su estómago.

Empezó casi como un flato que le subió desde el estómago al pecho y, después, continuó hasta la garganta. A medida que la sensación avanzaba, se volvía más poderosa; cuando le llegó a la boca, surgió en forma de un rugido tan potente que rebotó en las paredes y pareció resonar durante casi dos minutos.

Las dos enfermeras se apartaron de golpe de la camilla y se quedaron mirando a Bill con semblante aterrorizado.

Dios mío, ¿cómo era posible que un hombre tan menudo y amable como aquél emitiera semejante sonido? ¿Cómo era posible que un ser humano emitiera semejante sonido?

Bill supo que estaba transformándose. Su mente se llenó de imágenes de lobos avanzando sigilosamente, merodeando; lobos saltando sobre su presa; lobos con la baba colgando de sus fauces ante la perspectiva de carne fresca.

Sintió como otro rugido se formaba en su vientre y le salía por la boca. Sintió cómo las manos se crispaban y formaban unas garras poderosas. Empezó a incorporarse sobre la camilla.

La primera enfermera, obviamente más valiente que la otra, le dijo:

—Bill, tiene que quedarse aquí tendido y relajado.

Bill volvió a gruñir.

—No sé qué le ocurre, Bill, pero alguien en su estado no debería estar haciendo esto.

Bill se levantó de la camilla y apoyó un pie en el suelo. La primera enfermera se acercó a él y le puso una mano en el hombro.

—Vuelva a tumbarse, Bill, y relájese.

Bill arremetió contra ella con una de sus poderosas manos, pero la enfermera logró saltar hacia atrás justo a tiempo. Aquella mujer era todo un ejemplo para su profesión. En lugar de rendirse, volvió a apoyar una mano en el hombro de Bill e intentó recostarlo sobre la camilla.

—Por favor, Bill –susurró varias veces.

Bill le permitió que volviera a tenderlo en la camilla. Al menos de momento. Porque en cuanto su cabeza tocó la almohada, soltó un terrible rugido y volvió a incorporarse como un resorte.

Esta vez, antes de darse cuenta de lo que estaba haciendo, agarró a la enfermera por el brazo y le clavó los dientes justo por debajo del codo. La mujer empezó a gritar. La otra enfermera, quien por fin se había armado de coraje, se acercó a Bill y lo abofeteó para que soltara a su compañera. Sin embargo, Bill no lo hizo: seguía aferrando con los dientes el brazo, el cual no dejaba de sangrar. Notó el sabor metálico de la sangre humana en la boca. Se aferró a él como si no fuera a soltarlo nunca. La otra enfermera salió corriendo por el pasillo, pidiendo ayuda a gritos.

Justo en aquel momento, el joven agente entraba en el hospital para tomarse otro café en la sala de urgencias. El hospital formaba parte de sus rondas habituales, y siempre entraba para comprobar si podía ayudar en algo. A veces tenían problemas con algún borracho un poco alterado que sólo se calmaba al ver un uniforme. Aquella noche, sin embargo, todo parecía en calma. Hacía dos horas y media que había empezado su turno y la «premonición» que había tenido en casa ahora le parecía una estupidez.

Se estaba terminando el café cuando oyó un grito procedente de una de las salas de reconocimiento.

El médico residente con el que había estado hablando dejó su café y salió corriendo de inmediato en la dirección de la que provenían los gritos. El policía le siguió de cerca. Desde donde estaba, oyó el inconfundible estruendo provocado por alguien que se dedica a arrojar muebles en una habitación. También oyó los gritos de las dos enfermeras. Y los rugidos de un animal.

El policía imaginó que un perro salvaje, tal vez uno con rabia que había logrado colarse de algún modo en el hospital, estaba aterrorizando a las enfermeras en una de las pequeñas salas de reconocimiento. Pasó por delante del médico y entró en la habitación.

No pudo creer lo que veían sus ojos.

Agazapado en el rincón más alejado había un hombre de aspecto enloquecido manteniendo a dos enfermeras a raya. Los rugidos los hacía él, no un animal salvaje.

El policía avanzó por la habitación, saltando por encima de una silla que alguien había estrellado contra la pared. Cuanto más se acercaba al hombre, más fuertes eran sus rugidos. Aunque trató de actuar con frialdad, el aspecto del hombre y los sonidos que producía le estaban poniendo muy nervioso.

Por el modo en que el hombre estaba agazapado en el suelo, el rostro empapado en sudor y con una expresión más propia de un animal, el agente concluyó que se trataba de un… lobo. Había visto muchas películas en las que aparecían ataques de lobos y sabía que eran uno de los animales más aterradores del planeta.

El joven policía recordó todo esto mientras trataba de aproximarse al hombre perturbado que estaba agazapado en una esquina de la habitación.

—Me gustaría hablar con usted, caballero.

El hombre recorrió la habitación con mirada frenética y el odio iluminó sus ojos al ver a las enfermeras. Era evidente que pensaba que le habían traicionado. El policía notó que el médico residente se acercaba por detrás. Un tipo valiente. Juntos, intentarían capturar al hombre salvaje. La camilla tenía correas de sujeción. Si conseguían subirlo a ella de algún modo y…

El hombre levantó otra silla y la lanzó a la otra punta de la habitación. Las enfermeras volvieron a gritar. El policía y el médico residente continuaron avanzando lentamente.

—No queremos hacerle daño –dijo el policía–. Sólo queremos ayudarle. Eso es todo.

Pese a llevar muy poco tiempo en el cuerpo, había usado aquella estrategia en varias ocasiones. A veces la gente pierde el control y es incapaz de pensar con claridad. Cuando consiguieran tranquilizarlo, probablemente descubrirían que el motivo del ataque de nervios era una discusión con su mujer o su jefe. Alguna nimiedad que había terminado por salirse de madre.

—Por favor, caballero –insistió el policía.

El hombre aprovechó aquel instante para abalanzarse sobre él; lo agarró por el brazo e intentó morderle. El policía no tuvo ninguna duda acerca de sus intenciones.

El ronco gruñido se hizo aún más escalofriante. El médico aprovechó la oportunidad para situarse detrás del hombre. Le inmovilizó el brazo en la espalda y lo empujó hacia el policía. Éste lo agarró por el hombro y lo empujó hacia la camilla.

Rápidamente, los dos hombres lo ataron con las correas de sujeción y respiraron aliviados. El hombre tenía tanta fuerza que les había costado Dios y ayuda inmovilizarlo. E incluso entonces, atado con las correas, daba la sensación de que seguía siendo capaz de romperlas. Se sacudía tan violentamente sobre la camilla que, literalmente, la levantó del suelo.

Como precaución adicional, el policía lo esposó. Mientras lo hacía, el hombre no dejó de gruñir ni de intentar morderle las manos. El agente no pudo evitar pensar que estaba ante un perro muy enfadado y violento.

Finalmente, llamaron al médico de guardia. Éste le echó un vistazo al hombre, que no dejaba de sacudirse violentamente en la camilla, y ordenó que le inyectaran una dosis de Torazina.

Veinte minutos después, mientras se tomaba un café con el médico residente, el joven policía empezó a temblar. El presentimiento que había tenido hacía unas horas había demostrado ser certero. Aquella noche había sido testigo de algo profundamente inquietante. No podía quitarse el rostro del hombre de la cabeza. Sus rasgos angulosos, salvajes, los ojos enloquecidos y llameantes… propios de un lobo.

—¿Qué demonios le pasaba a ese hombre? —le preguntó el policía al médico residente.

Pero lo único que pudo hacer éste fue encogerse de hombros.

—Ojalá lo supiera. Sería un genio de la medicina.

—¿Alguna vez había visto algo así?

—En absoluto. —Entonces sonrió—. Y no puedo decir que quiera volver a verlo nunca más.

Aunque el policía intentó encontrar el lado jocoso del comentario, no lo consiguió.

—¿Qué le pasará?

—¿Al hombre lobo? –dijo el interno.

—Sí.

—¿Usted qué cree? Lo enviarán al loquero.

El policía suspiró.

—Supongo que tiene razón.

Pensó en todas las ocasiones en las que había estado en un hospital psiquiátrico para entregar a un prisionero. No era el mejor lugar en el que despertar.

◆ ◆ ◆

Unas horas después recuperó la conciencia.

—¿Cómo se llama?

Tuvo que pensarlo. Pensar de un modo consciente. Estaba confundido. Tenía frío y estaba aterrorizado.

—¿Dónde estoy?

—Le he preguntado cómo se llama.

—Bill.

—¿Bill qué?

—Bill… Ramsey. ¿Dónde estoy?

—En la parte trasera de una ambulancia.

—¿He tenido un accidente?

—¿No recuerda lo que ha pasado?

—No, no recuerdo nada.

—No puedo creerlo –dijo el paramédico. Entonces se inclinó hacia delante y dio unos golpecitos en el cristal que separaba la parte posterior de la ambulancia de la delantera–. No te lo vas a creer.

—¿Qué pasa? –preguntó el conductor.

—Ramsey.

—¿Qué pasa con él?

—Dice que no recuerda nada.

El conductor dio un resoplido.

—Eso le funcionará muy bien en el juicio, ¿no crees?

Bill Ramsey intentó moverse. Estaba atado.

El interior de la ambulancia se iluminaba de vez en cuando con los faros de los coches que circulaban en dirección contraria. Después, volvía a imponerse el silencio, sólo interrumpido por el roce de los neumáticos contra el asfalto. Frente a él, apoyado en el lado opuesto de la ambulancia, el médico residente fumaba un cigarrillo sin quitarle ojo.

—No es muy corpulento para hacer algo así, ¿no te parece?

—¿Hacer qué?

Bill estaba aterrorizado. ¿Cómo había llegado a la ambulancia? Y lo más importante, ¿qué había hecho aquella noche? Se temía lo peor. ¿Habría matado a alguien?

—No se preocupe, amigo, los médicos se lo contarán todo.

—¿Qué médicos?

—Los de Runwell, ¿quiénes van a ser?

—¿El hospital psiquiátrico?

El paramédico se puso a reír.

—Por supuesto. ¿Adónde si no iban a enviar a alguien como usted?

La ambulancia continuó avanzando en mitad de la noche. Una lluvia fría había empezado a caer y el ruido de los limpiaparabrisas rompía el silencio. Bill nunca se había sentido tan solo en toda su vida.

Enfrentado a sí mismo

En siglos anteriores, en los hospitales psiquiátricos se produjeron grandes escándalos. El personal de algunas de estas instituciones a menudo golpeaba a los pacientes con tal severidad que muchos de ellos terminaron muertos. Otros hospitales dejaban que sus pacientes se revolcaran en sus propias heces y bebieran su propia orina. En otros, los guardias eran tan corruptos que los pacientes tenían que pagarles para evitar que les maltrataran o violaran. Incluso se rumorea que en algunos hospitales europeos se usaba a los pacientes en parodias pornográficas para el disfrute del personal. En esta suerte de parodias, se obligaba a los pacientes a tener relaciones sexuales no únicamente entre ellos, sino también con animales.

La historia de estos hospitales está llena de ejemplos de pacientes que se aliaron para conseguir huir de la institución. Normalmente, lo hacían prendiendo fuego a las instalaciones. Incluso si morían quemados, era mejor destino que continuar viviendo bajo la férrea disciplina de los administradores del hospital.

Bill Ramsey nunca había pensado demasiado en los hospitales mentales. Si le hubieran preguntado, probablemente habría respondido con una sonrisa que eran el lugar donde acababan los «sonados» y después habría sentido un ligero estremecimiento.

Eran lugares por los que pululaban personas desequilibradas que lograban asesinar incluso dentro de los confines del propio hospital. En otras palabras, Bill Ramsey nunca habría aceptado voluntariamente entrar en un lugar así.

Con el encapotado cielo invernal como telón de fondo, el Hospital Psiquiátrico Runwell tenía un aspecto ominoso. Pese a que la fachada de ladrillos rojos le daba un aspecto muy parecido al de tantos otros hospitales, las rejas de las ventanas contaban una historia muy distinta.

Runwell es un hospital muy grande y sus instalaciones se encuentran dispersas en diversos edificios. A Bill lo llevaron al pabellón Herón, donde se realizaba el registro de entrada a los nuevos pacientes. La ambulancia se detuvo frente a la entrada posterior. Un hombre negro con uniforme blanco bajó trotando los escalones. Cuando llegó a la ambulancia, abrió su puerta trasera. Sin dirigirle ni una palabra al otro enfermero, metió los brazos en la ambulancia y empezó a tirar de la camilla. Sólo entonces el otro enfermero decidió ayudarle. Cuando entraron en el hospital por la puerta de atrás, Bill empezó a temblar de miedo.

«Aunque al llegar estaba bastante anestesiado y relajado —recuerda Bill—, el lugar me produjo escalofríos. De vez en cuando se oían los gritos de algún paciente a lo lejos, unos gritos que parecían a la vez desquiciados y tristes. Estar en aquel lugar me afectó muy negativamente, de eso no cabe duda.

»Para empezar, miraras donde mirases, veías barrotes o puertas cerradas. Los pacientes tenían muy poco espacio para moverse.

»Y la luz eléctrica tenía una tonalidad extraña, como si no terminara de iluminar del todo; supongo que la mejor definición es "luz sucia".

»Al menos ésa es la impresión que me dio. Debes tener en cuenta que no estaba precisamente en mi mejor momento; es probable que mi imaginación me jugara una mala pasada.

»Me llevaron a una habitación. Recuerdo que la gente me miraba. Un montón de miradas vidriosas. Todos estaban drogados, como yo. En los hospitales psiquiátricos, los fármacos permiten mantener a los pacientes dóciles. Mantengámoslos atontados, piensa el personal hospitalario, y se comportarán como niños obedientes. Todo el mundo me resultaba extraño, con los rasgos demasiado grandes o deformes, la piel llena de llagas o extrañas y grotescas erupciones. Y también las risas, las carcajadas propias de personas dementes. La verdad es que tenía miedo de estar allí. Era como echar una ojeada al infierno.

»Todavía no recordaba lo que había sucedido. Tenía la cabeza hecha un lío. De vez en cuando tenía un recuerdo fugaz, como un destello en el que me veía a mí mismo en la sala de urgencias del hospital, y entonces me asustaba mucho.

»Tenía la impresión de haber mordido a alguien. Me esforcé por recordar quién había sido la víctima y descubrir por qué había hecho algo así. Y entonces me encontré en una pequeña oficina firmando unos documentos. Insistí en ver a mi mujer. Estaba deshidratado por culpa de la medicación. Me costaba mucho hablar. Me aseguraron que la llamarían después. Mientras tanto, me obligaron a firmar varios formularios y me llevaron un vaso de agua.

»A medida que la medicación hacía efecto, era menos capaz era de seguir actuando con normalidad. A veces pensaba que todo aquello no era más que un sueño. Como probablemente también el incidente en la sala de urgencias. Dentro de poco despertaría en mi confortable y cálida cama, al lado de Abby.

»Pero la cama en la que me metieron no se parecía en nada a la mía. Aquél era un mueble estrecho, más parecido a un catre, con barandillas a los lados. Además, aún seguía esposado.

»Antes de deslizarme en un sueño inquieto inducido por los fármacos, tuve un momento de claridad. Oí el eco de mis propios gruñidos de lobo y volví a experimentar la sensación, extraña pero satisfactoria, de mis dientes abriéndose paso a través de la piel que cubría el frágil brazo de la enfermera. Deseé volver a estar en libertad, no para regresar a casa con mi familia, sino para poder adentrarme en el bosque y correr libremente junto a los demás lobos. Recuerdo que pensé: «Ya está, Ramsey. Ahora sí que te has vuelto loco». Y entonces caí en el pozo profundo, oscuro e inquieto del sueño».

Bill recuerda su estancia en el hospital psiquiátrico

«Al principio, todo me parecía un sueño. No puedo describirlo de otro modo. Aunque empecé a recordar lo que había ocurrido la noche anterior, y el incidente con la enfermera en la sala de urgencias, de algún modo todos los acontecimientos parecían desarrollarse a cámara lenta y, cuando alguien abría la boca para gritarme, no podía oír lo que decía.

»Me vi a mí mismo corriendo por un pasillo largo y estrecho, intentando escapar. Pero no había escapatoria porque el pasillo cada vez era más estrecho, hasta que me quedaba atrapado en su interior, como si fuera una especie de tumba.

»La oscuridad lo engullía todo; las personas del sueño se desvanecieron y abrí un ojo. Al principio, no sabía dónde estaba. Me dolían las muñecas. Recuerdo que, al frotármelas, noté unas marcas en la piel, como las que suelen dejar las esposas.

»Entonces recordé haber llegado al hospital la noche anterior, y que el agente de policía me había esposado. Hasta aquel momento, no había entendido qué hacía en una habitación blanca, en una cama blanca y vestido con un camisón blanco. Pero al ver los barrotes en las ventanas, de repente lo recordé todo; me quedé horrorizado. La noche anterior había intentado atacar a una enfermera, pero había llegado un agente de policía que me esposó. Me había inmovilizado a una camilla y me habían llevado en ambulancia a un hospital psiquiátrico.

»Los barrotes de la ventana me daban más información de la que estaba dispuesto a asumir acerca de mi situación actual. ¿Alguna vez te has despertado después de una noche de juerga y has recordado de golpe cosas que te han hecho sentir tan avergonzado que has deseado morir en ese mismo instante? Pues así es cómo me sentía. No podía ni imaginar lo que los médicos le habían contado a mi mujer y mis hijos. No podía ni imaginar lo que dirían mis amigos cuando descubrieran que había pasado la noche en el Hospital Psiquiátrico Runwell.

»Seamos conscientes o no de ello, la reputación es algo extremadamente frágil. La más mínima sospecha de que te ocurre algo extraño y la gente empieza a mirarte con otros ojos. Claro, es posible que te digan que les sabe muy mal que las circunstancias te hayan llevado a actuar de un modo extraño, pero, aun así, la opinión que tienen de ti nunca volverá a ser la misma. En el fondo de su mente, siempre serás un hombre marcado.

»Podía imaginar las bromas que se iban a contar de mí en los bares. "Si crees que es un lobo, no te equivocas. Incluso le aúlla a la luna. Y ataca a hermosas enfermeras". Mis hijos no lo pasarían mucho mejor en la escuela. Los niños pueden ser muy crueles, como todo el mundo sabe, y cuando tu padre es el objeto de todas las bromas…

»Al cabo de un rato, apareció una enfermera con una bandeja en la que había un tazón de gachas de avena, dos tostadas con mantequilla y un pequeño cartón de leche. Sólo con ver la comida, mi estómago empezó a protestar. Estaba hambriento. La enfermera no era muy habladora. Al dejar la bandeja sobre mi regazo, la pillé mirándome por el rabillo del ojo. Supongo que, incluso para los estándares de un hospital psiquiátrico, un hombre que cree que es un lobo resulta un personaje bastante peculiar.

»Me sonrió, me preguntó cómo me encontraba y después se marchó. Debía de estar bastante paranoico en aquel momento porque me pareció ver una sonrisa en sus labios cuando salía de la habitación. "En serio, esta mañana le he llevado el desayuno al hombre lobo".

»Devoré el desayuno muy rápido, sólo tardé unos pocos minutos, que creo que establecí un nuevo récord mundial. Seguía teniendo hambre. Cuando me disponía a llamar a la enfermera para pedirle más comida, un hombre alto y de rasgos asiáticos, vestido con una bata blanca, apareció por la puerta. Su aspecto era imponente, incluso un poco arrogante, y transmitía una fría inteligencia. Después de observarme durante un buen rato desde la puerta, entró decidido en la habitación.

»—Buenos días, señor Ramsey. –No tenía ningún acento en especial.

»—Buenos días.

»—¿Cómo se siente, físicamente?

»—Bastante bien. –Levanté las manos para mostrarle las marcas rojizas alrededor de las muñecas–. Salvo por esto.

»El médico sonrió.

»—Sí, la policía siempre se las apaña para exagerar las cosas, ¿no le parece?

»—Debí de oponer bastante resistencia.

»Esta vez no sonrió.

»—Mucha, por lo que me han contado. Mucha resistencia.

»—¿Me va a dar el alta?

»El médico me miró detenidamente antes de responder.

»—¿Cree que está preparado?

»—¿Para irme?

»El médico asintió.

»—Por supuesto que sí –dije–. Quiero ver a mi familia. Y si no me equivoco, hoy es día laborable, ¿no?

»El médico volvió a asentir.

»—Pero no ha respondido a mi pregunta.

»—Ah, ¿no?

»—Sé que le gustaría marcharse cuanto antes, señor Ramsey. Pero, teniendo en cuenta las circunstancias, ¿cree que es buena idea?

»Le devolví la mirada.

»—Al parecer, usted no cree que sea buena idea.

»Por primera vez, el médico parecía un poco incómodo.

»—¿Recuerda algo de lo que ocurrió anoche, señor Ramsey?

»—Algunas cosas, supongo.

»—No parecía estar borracho.

»—No.

»—¿Consume drogas?

»—No.

»El médico volvió a dudar un instante.

»—Atacó a una enfermera. Y a un policía.

»—Sí, lo recuerdo. –Ahora era yo el que se sentía incómodo.

»—Intentó morderlos.

»Me quedé mirando por la ventana. Sentía la necesidad de esconderme. Ahora ya ni siquiera me apetecía ver a mi familia. La vergüenza puede hacerte sentir de ese modo.

»—Y anoche les dijo varias veces a las enfermeras que tenía miedo de estar convirtiéndose en un lobo.

»Asentí en silencio, la vista aún clavada en los negros barrotes de hierro de la ventana.

»—¿Había tenido esa misma sensación antes, señor Ramsey?

»—¿La de ser un lobo?

»—Sí.

»Volví la cabeza para mirarlo.

»—Desde hace mucho tiempo.

»—Si no le importa, me gustaría acercar una silla y hablar con usted de ello.

»—No creo que tenga muchas cosas que decir.

»—¿Se siente avergonzado?

»—Un poco.

»El doctor sonrió por primera vez desde que entrara en la habitación. Su sonrisa era más agradable de lo que había imaginado.

»—Bueno, ¿por qué no empieza a hablar y veremos qué tal va la cosa?

»Cogió una silla, la colocó al lado de la cama y, poco después, empecé a hablar.

»Le hablé de los últimos veinte años de mi vida, de la imagen que se repetía en mi mente en la que me veía a mí mismo como un lobo. Le conté el incidente con Jeremy Wright, cómo le había atacado repentinamente en el asiento trasero de mi coche. Y también que muchas noches me quedaba de pie frente a la ventana observando la luna, aterrorizado ante lo que me podía estar pasando.

»Esperé su reacción. Una sonrisa jocosa; tal vez una carcajada.

»Por muy en serio que yo me tomara la posibilidad de que un lobo residiera en mi interior, sabía que al médico todo aquello debía de parecerle ridículo. Los hombres no se transforman en lobos; ni los lobos en hombres. Sin embargo, el doctor me escuchó paciente y cortésmente. De vez en cuando, tomaba notas en una pequeña libreta que sostenía con una mano. Salvo por esos momentos, rara vez dejaba de mirarme, estudiándome cuidadosamente mientras yo hablaba.

»—¿Y anoche esa sensación volvió a dominarle?

»—Sí.

»—¿Y perdió el control de sí mismo?

»—Supongo que ésa es la mejor manera de definirlo. Perdí el control y dejé de verme a mí mismo como un hombre. Era una especie de animal salvaje. Aunque una parte de mi mente veía lo que estaba haciéndole a esa enfermera, no podía hacer nada por evitarlo.

»Finalmente, el médico guardó el bolígrafo en un bolsillo de la bata y la pequeña libreta en otro.

»—¿Qué le parecería quedarse aquí un tiempo?

»Había estado temiendo aquella pregunta, en parte porque no sabía muy bien qué responder. Una parte de mí, la más racional, quería quedarse en el hospital. Pero la más emocional insistía en ver a mi familia y amigos, volver a la rutina cotidiana y olvidar todo aquello para siempre.

»—Creo que lo mejor es que vuelva a casa –dije finalmente.

»—Podemos hacerle más pruebas, Bill.

»—Lo sé, pero…

»—Y podría hablar con otros médicos.

»—Lo entiendo, doctor, pero… –Me encogí de hombros–. ¿Puedo irme cuando quiera?

»—Claro. Es un paciente voluntario.

»—Entonces creo que será mejor que me vaya.

»Me di cuenta de que estaba decepcionado. Fue como defraudar a un profesor.

»—Debo advertirle de algo, Bill –me dijo.

»—¿De qué?

»—Es probable que vuelva a ocurrirle lo mismo.

»—Haré todo lo posible por evitarlo.

»—Lo hará, estoy seguro de ello. Pero usted tiene un problema que de momento nadie es capaz de entender. Y eso significa que no está resuelto, sino que sigue estando latente.

»—Entiendo.

»Aunque intenté comportarme racionalmente, no podía dejar de pensar en la frase, "Es probable que vuelva a ocurrirle lo mismo".

»—Ya sabe dónde encontrarme, Bill.

»—Sí.

»—Por si necesita hablar con alguien.

»—Se lo agradezco.

»El doctor se levantó, alargó la mano y se la estreché.

»Hacia las once de la mañana, después de vestirme de nuevo con ropa de calle y de una larga ducha con agua caliente, bajé las escaleras para firmar el alta. Llamé a Abby y le pedí que viniera a buscarme. Mientras la esperaba en el vestíbulo, noté como todo el mundo me miraba al pasar. "Anoche atacó a una enfermera y a un policía. Es un hombre lobo".

»Aquel apelativo iba a provocar sonrisas burlonas y risitas, pero sabía que debía estar preparado para aquel tipo de atención, sobre todo en cuanto la historia empezara a circular por todas partes. "Bill Ramsey, el hombre lobo". De pie en el vestíbulo, mientras esperaba que llegara mi mujer, supe que después de los acontecimientos de la pasada noche, después del ataque a la enfermera, mi vida había tomado un giro repentino y extremadamente grave hacia la oscuridad y el peligro. Supe que mi vida nunca volvería a ser la misma.

SEGUNDA PARTE

Cazadores de fantasmas

El mismo día que Bill Ramsey recibía el alta en un hospital psiquiátrico inglés, Ed y Lorraine Warren eran entrevistados por un periodista de una cadena de televisión en la hermosa y venerable casa que el matrimonio posee en la Connecticut rural.

En palabras del propio productor televisivo: «Había llevado al equipo móvil para una entrevista rápida con los Warren acerca de un caso que en aquellos momentos ocupaba todas las portadas, a saber, que el presidente Ronald Reagan y su mujer, Nancy, habían consultado a un astrólogo. Aunque no planeaba quedarme más de una hora, al final me quedé casi todo el día. Los Warren son las dos personas más fascinantes que he entrevistado nunca. Empecé preguntándoles por los casos en los que habían trabajado y quedé fascinado. Tenía ante mí a dos personas agradables, decentes y normales que habían tenido algunas de las experiencias más sorprendentes que he escuchado jamás».

Los Warren son un matrimonio de mediana edad que, desde hace mucho tiempo, son considerados los dos demonólogos más importantes del mundo, un hombre y una mujer que han dedicado su vida al estudio del mundo sobrenatural y paranormal. En una ocasión, algunos oficiales de West Point se pusieron en contacto con ellos para que investigaran una infestación demoníaca en la prestigiosa academia militar. En otra, ayudaron a una famosa estrella del cine asediada por unos espantosos sueños de origen sobrenatural. Y, además, también descubrieron la verdad detrás del caso de los asesinatos cometidos por Arne Cheyenne Johnson, en Connecticut.

Tanto la policía local como la federal conocen perfectamente al matrimonio Warren. Los poderes psíquicos de Lorraine les han ayudado en más de una ocasión a resolver crímenes, descubrir espeluznantes lugares de enterramiento o a señalar al probable asesino.

«Una vez, Lorraine tuvo una visión muy clara del asesino y ayudó a la policía a realizar un retrato robot del hombre en cuestión –asegura el productor televisivo–. Al final, lograron detenerlo. Esto ocurrió después de que la policía hubiera perdido toda esperanza de atrapar al hombre».

Durante casi cuarenta años, el matrimonio Warren ha investigado miles de manifestaciones del mundo de los espíritus, desde infestaciones y *poltergeists* hasta asesinatos cometidos por el demonio y posesiones de toda índole. Ed es el director de la Sociedad de Investigación Psíquica de Nueva Inglaterra. Lorraine es una médium muy dotada y con una percepción extrasensorial por encima de la media, según pruebas realizadas en la UCLA. Los Warren estiman que han participado en más de tres mil casos de fenómenos sobrenaturales, entre ellos, cuarenta y dos exorcismos. Fueron los principales investigadores en la inquietante infestación demoníaca que tuvo lugar en Long Island (Nueva York) y que se popularizó gracias a la película *Terror en Amityville,* y Ed fue una de las pocas personas autorizadas a revisar los archivos originales en los que se basó otra película de gran éxito: *El exorcista.* Conferenciantes, consultores y protagonistas de un programa de televisión de alcance nacional, el matrimonio Warren también ha impartido numerosas clases de demonología y sucesos paranormales con rotundo éxito.

Lo que más sorprende a la gente del matrimonio Warren es su sensatez, su inteligencia y su bondad. Ed es un hombre alto y corpulento, alguien que puede defenderse a sí mismo en situaciones difíciles, y Lorraine es una mujer encantadora, de voz melosa y un sutil sentido del humor que no le impide reírse de sí misma.

«Algún día espero tener una casa tan bonita como la de Ed y Lorraine, y también espero estar tan orgulloso de ella como lo están ellos –asegura el productor televisivo–. Son dos personas muy tranquilas, y se nota que también son muy espirituales, aunque no hacen alarde de ello. Ser espiritual es sólo una parte más de su vida».

Estas cualidades son aún más excepcionales si tenemos en cuenta que su trabajo con el mundo de los espíritus ha puesto en peligro su vida en numerosas ocasiones. Muchas veces se han tenido que enfrentar a situaciones peligrosas. Muchas veces los han obligado a abandonar a personas a las que las autoridades –gubernamentales, médicas y religiosas– también se habían negado a ayudar.

El interés de Ed por el mundo paranormal se remonta a su infancia, cuando la casa en la que creció fue víctima de una infestación. Presenció objetos volando por toda la casa e incluso vio apariciones.

La experiencia de Lorraine con lo paranormal también empezó a una edad muy temprana. De niña, veía un halo luminoso alrededor de la cabeza de las personas. Posteriormente, descubrió que se trataba del aura. Cuando conoció a Ed, tuvo una de estas experiencias: «La noche que me lo presentaron, al principio vi a un joven atlético de dieciséis años de pie delante de mí. Pero, entonces, tuve una visión premonitoria y vislumbré a un hombre más corpulento y canoso; supe inmediatamente que aquél era el futuro Ed. También supe que pasaría el resto de mi vida con él».

Ed y Lorraine se conocieron durante la Segunda Guerra Mundial. Ed fue a la escuela de arte, mientras que Lorraine se formó como artista autodidacta. Se casaron aprovechando uno de los permisos de Ed. Su hija Judy nació mientras Ed todavía estaba en el Ejército. Después recorrieron el país en un Chevrolet Daisy del 33, con un pastor alemán en el asiento trasero.

Ganaban algo de dinero vendiendo sus pinturas. En la actualidad, los dos se ríen cuando piensan en esa época. «Nos gusta pensar que fuimos los primeros *hippies*», señala Ed.

«Pero el interés que sentimos por las infestaciones y la demonología se ha mantenido constante. Hemos recorrido toda Nueva Inglaterra. Siempre que nos enteramos de algún suceso extraño, nos subimos a nuestra furgoneta y vamos a investigarlo», dice Lorraine.

«Con los años, nos ganamos una reputación de especialistas serios en incidentes de este tipo. Gracias a nuestra experiencia directa con demonios, también aprendimos a lidiar con ellos», asegura Ed.

Los Warren no tardaron en ser considerados demonólogos de talla mundial, investigadores serios y profesionales de todo tipo de sucesos paranormales.

Según el productor televisivo: «No cabe duda de que los Warren son extremadamente populares. No sólo son personas brillantes e interesantes, sino que también son muy elocuentes. Son unos grandes colaboradores para un programa de televisión. Y por eso mismo están tan solicitados. Además, y esto es muy importante, son muy *creíbles*. Cuando te cuentan algo, sabes que es verdad, y que han puesto en práctica todos sus talentos, que son muchos, para demostrar que realmente sucedió tal y como lo cuentan. En otras palabras, son personas honestas».

Se han escrito tres libros sobre ellos: *Deliver Us From Evil* de J. F. Sawyer y *The Devil in Connecticut* y *The Demonologist*, ambos de Gerald Brittle. El matrimonio Warren también aparece de forma prominente en *La casa embrujada*, un aterrador ejemplo de infestación demoníaca. Algunos de sus casos más populares han sido recopilados en el libro de reciente publicación *Cazadores de fantasmas*. Además, se han realizado dos programas de televisión y varias películas basadas en sus casos.

«El mensaje más importante que queremos transmitir al público –aseguran los Warren– es que existe un inframundo demoníaco y que, a veces, puede ser un problema muy aterrador para la gente».

El día que Bill Ramsey fue dado de alta del hospital, después de que el productor televisivo se hubiera marchado, Lorraine fue a su estudio y abrió el correo del día, algo que aún no había podido hacer debido a la larga, pero agradable, entrevista.

Los Warren reciben cartas de todo el mundo, sobre todo de personas que tienen algún problema. Aquel día no era distinto. Un hombre de Nevada creía que la casa que acababa de comprar estaba embrujada. Una mujer de New Hampshire estaba preocupada por el repentino y extraño comportamiento de su hija adolescente. Y un hombre les escribía desde Italia para saber si podían ayudar a su mujer, quien sufría una larga adicción al tablero *ouija*. El hombre había leído en alguna parte que los Warren consideran que dichos instrumentos no son más que «una invitación a las fuerzas satánicas». La adicción de la mujer cada vez era mayor.

Aquel día, en el correo también había un libro sobre fuerzas sobrenaturales. Tanto escritores como editores les enviaban libros para conocer su opinión y, a veces, para pedirles que escribieran un elogio. Lorraine lo cogió y tuvo la sensación de que sus dedos lo abrían automáticamente por un capítulo titulado *La historia del hombre lobo.*

Lorraine lo recuerda así: «No estoy muy segura del motivo, pero me senté en el sofá con el libro, encendí la lámpara de pie y una hora después aún estaba completamente absorta en su lectura. En ese momento no sabía lo valioso que sería aquel capítulo posteriormente, cuando conociéramos a Bill Ramsey.

»No podía dejar de leer. El capítulo contenía fascinantes informaciones:

»"El origen de las supersticiones relativas al hombre lobo es muy antiguo. Según los especialistas del mundo sobrenatural Sabine Baring Gould y Montague Summers, es posible que se iniciaran en el seno de las tribus primitivas que practicaban ritos de canibalismo. La evolución propició que dichas tribus se civilizaran gradualmente, o bien que determinados grupos se escindieran de la corriente principal. Esto se tradujo en la abolición de las prácticas caníbales y en la aparición del miedo y la repulsión hacia aquellos grupos que continuaban consumiendo carne humana.

Entonces, se extendió la idea de que los caníbales tenían almas de animales o depredadores. Y el lobo siempre ha sido el depredador más universalmente denostado, 'el símbolo eterno de la ferocidad y la voracidad malvada y excesiva, el impulso por el que cabalga con crueldad la destructora lujuria', en palabras de Summers en su estudio clásico, *The Werewolf.*

»"Con el paso de los siglos, el miedo y la repulsión evolucionaron, dando paso a la superstición: los caníbales no sólo tenían alma de lobos, sino que, de hecho, a través de la magia o la brujería, podían transformarse en bestias para satisfacer su sed de sangre. Los antiguos griegos fueron los primeros en crear un término para dicha superstición, uno de los dos que seguimos utilizando en la actualidad: licantropía, de las palabras griegas *lukos* (lobo) y *anthropos* (hombre), la transformación física de hombre en animal o, en el lenguaje de la medicina moderna, el delirio psicótico que lleva a creer en la capacidad de llevar a cabo una transformación de este tipo. (El otro término por el cual conocemos este fenómeno es, por supuesto, 'hombre lobo').

»"Todos los países y culturas tienen alguna leyenda similar; en aquellos lugares en los que no hay lobos, como en África, la creencia se aplica a los tigres, los leopardos, los osos o a cualquier otro depredador que sea considerado el más salvaje y temido. El mito del hombre lobo es especialmente popular en Escandinavia y en el sur y este de Europa. La mayor parte de nuestra tradición moderna proviene de Alemania, Hungría y la antigua Checoslovaquia; durante siglos, las tribus gitanas nómadas de estas regiones, sobre todo de los Cárpatos, han contado historias sobre el *vlkolak*, el hombre lobo"».

Ed llegó más tarde y le preguntó a Lorraine qué estaba haciendo. Ella empezó a contárselo y se embarcaron en una apasionante conversación que se prolongó hasta que Johnny Carson apareció en la pantalla. Lorraine preparó palomitas de maíz y se sentaron juntos frente al televisor para disfrutar del cómico hasta la hora de irse a la cama.

Aquélla fue la última vez en mucho tiempo en la que pudieron relajarse. Al cabo de sólo dos días volverían a coger otro avión destino a Inglaterra, un lugar que los Warren consideraban desde hacía tiempo como su segundo hogar.

Lo que Lorraine aún no sabía era lo importante que aquel capítulo sobre licántropos iba ser al cabo de muy pocos días. Aquella noche continuó leyéndolo en la cama. Una hora después, Ed se inclinó y lo retiró cuidadosamente de su pecho. Se había quedado dormida mientras leía. Le dio un tierno beso en la frente a su mujer y apagó la luz.

La leyenda del hombre lobo es casi tan antigua como la propia humanidad y ha pervivido a lo largo del tiempo a través de los mitos y las historias. En el siglo xx, la licantropía se convirtió en un tema clásico del cine de terror. Desde la década de los años treinta, el hombre lobo se ha convertido en uno de los monstruos más populares de Hollywood. Los avances en la tecnología de los efectos especiales han permitido que la transformación de hombre a lobo cada vez sea más creíble y aterradora.

ARRIBA: El hombre lobo por excelencia interpretado por el actor Lon Chaney. Chaney inmortalizó la maldición del «hombre lobo» en diversas películas. La fotografía corresponde a *El hombre lobo* (1941), con Evelyn Ankers como la damisela en apuros. (Culver Pictures)

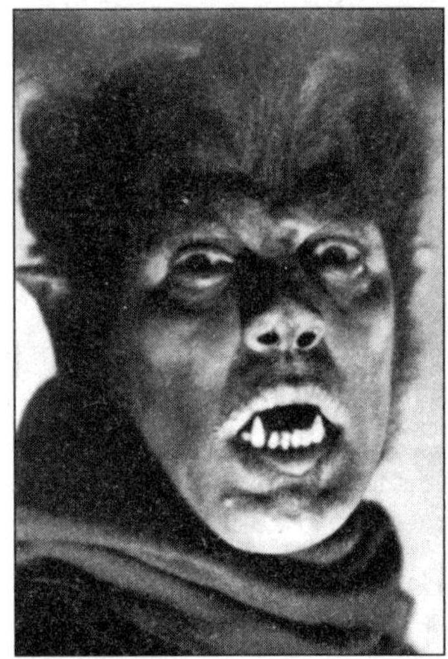

ARRIBA A LA IZQUIERDA: El galán adolescente Michael Landon se sometió a una grotesca transformación en el clásico de serie B *Yo fui un hombre lobo adolescente,* de 1957. (Culver Pictures)

ARRIBA A LA DERECHA: Otra encarnación del hombre lobo fue interpretada por Warner Oland en *El lobo humano* (1935), la primera versión para la gran pantalla de la historia del hombre lobo. (Culver Pictures)

ARRIBA: En los años sesenta, setenta y ochenta, las representaciones del hombre lobo se hicieron aún más grotescas, culminando con los explícitos efectos especiales de *Aullidos* (y sus secuelas) y *Un hombre lobo americano en Londres*. En la fotografía, el actor británico Oliver Reed se convierte en un licántropo en el film de 1961 *La maldición del hombre lobo*. (Culver Pictures)

ABAJO: La cómica interpretación de David Naughton como un hombre lobo en la película de John Landis *Un hombre lobo americano en Londres* (1981) queda compensada por unos sofisticados efectos especiales que convirtieron la transformación del hombre en bestia en algo inquietantemente realista.

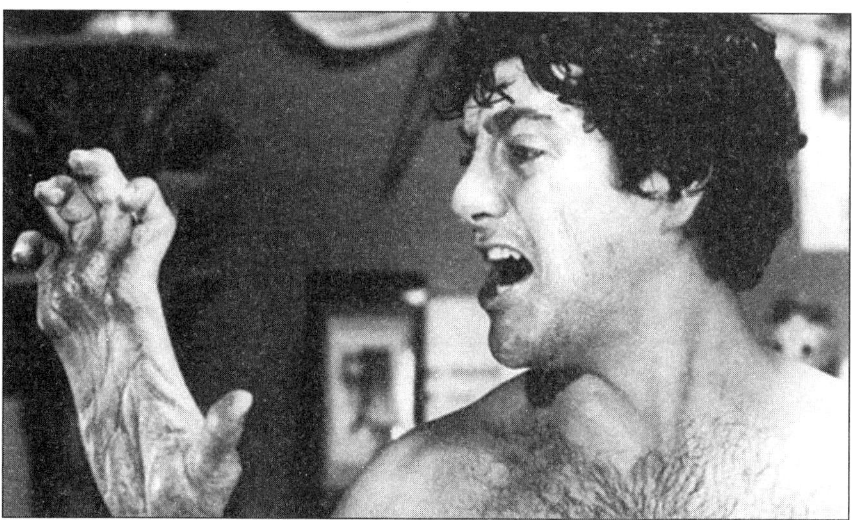

ARRIBA: Ed y Lorraine Warren, «cazafantasmas de profesión», son dos de los demonólogos más reconocidos de todo el mundo. El matrimonio Warren ha ayudado a muchas personas a combatir fantasmas, demonios y otras manifestaciones del mundo sobrenatural. El caso más aterrador en el que han trabajado hasta el momento fue la posesión del alma de William Ramsey por parte del espíritu de un lobo.

ARRIBA *(de izquierda a derecha):*
El padre Robert McKenna, Abby
y William Ramsey y Lorraine y
Ed Warren frente a la capilla de la
Virgen del Rosario, en Connecticut.
(Algunos rostros se han oscurecido
para proteger su identidad). Tras oír
hablar del extraño caso de William
Ramsey durante una visita a Londres,
los Warren decidieron ayudarle
presentándole al padre McKenna,
un eminente exorcista.

DERECHA: Después de advertir a
William Ramsey de los peligros que
conlleva el ritual del exorcismo, el
padre McKenna da comienzo a la
ceremonia para intentar expulsar de
forma violenta al demonio que había
poseído el alma de Ramsey.
(John Cleave/Mirrorpix)

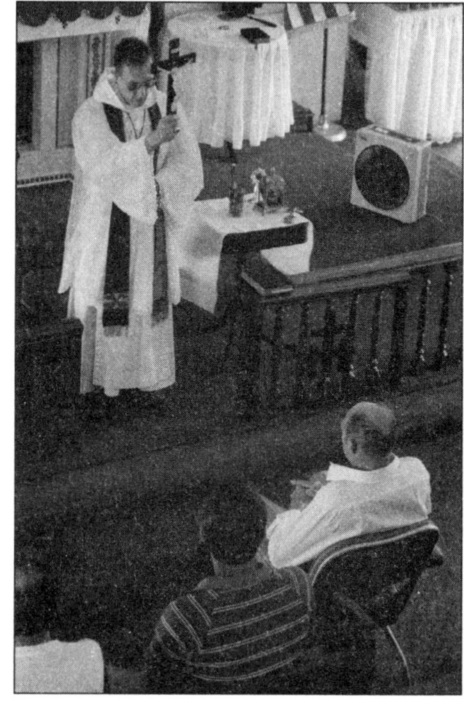

Las siguientes fotografías se tomaron en exclusiva durante el exorcismo de William Ramsey. (Imágenes cortesía de John Cleave/Mirrorpix)

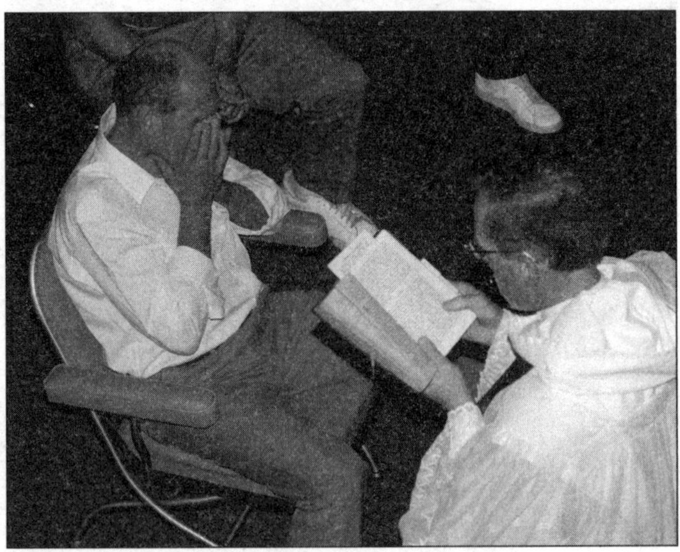

Cuando el padre McKenna da comienzo el ritual, el demonio en el interior de Ramsey pugna por salir al exterior.

Ramsey grita de dolor mientras el padre McKenna entra en contacto con el demonio que reside dentro de él.

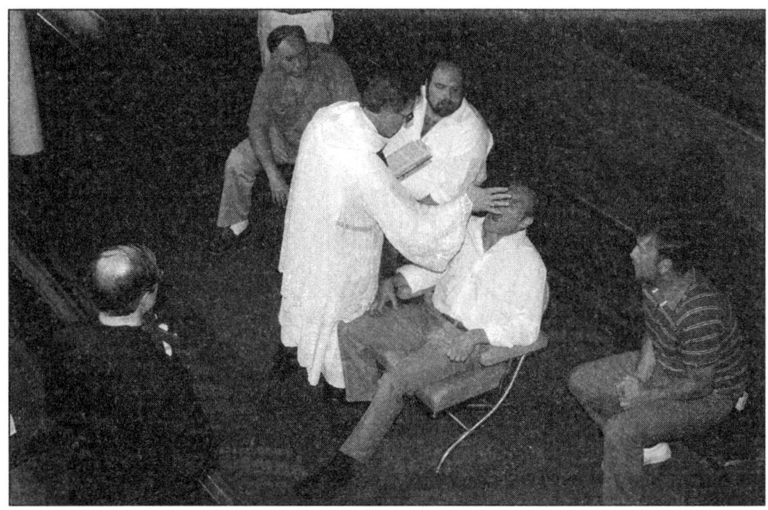

El espíritu del lobo que domina el alma de Ramsey logra atravesar sus defensas.

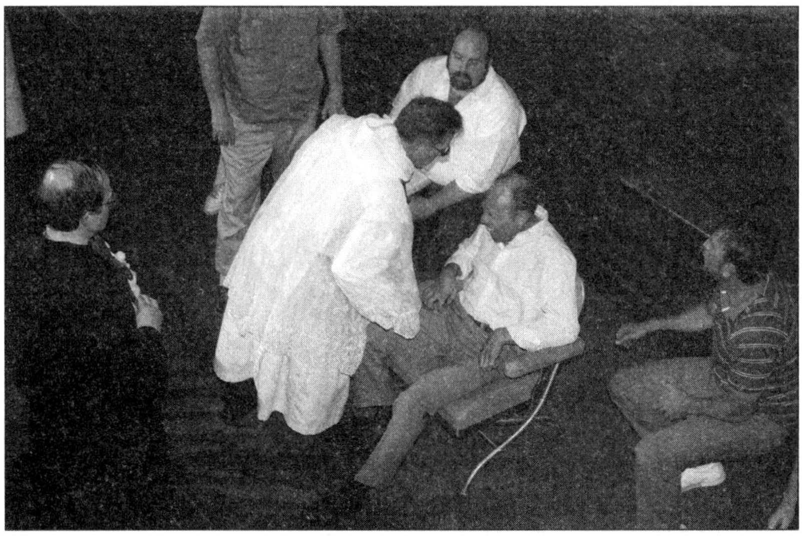

ARRIBA: El padre McKenna aplica los sacramentos finales a Ramsey, quien, exhausto tras su combate a vida o muerte con el demonio, finalmente queda libre de su maldición.

DERECHA: El padre McKenna se enfrenta al demonio de Ramsey poniendo su vida en peligro.

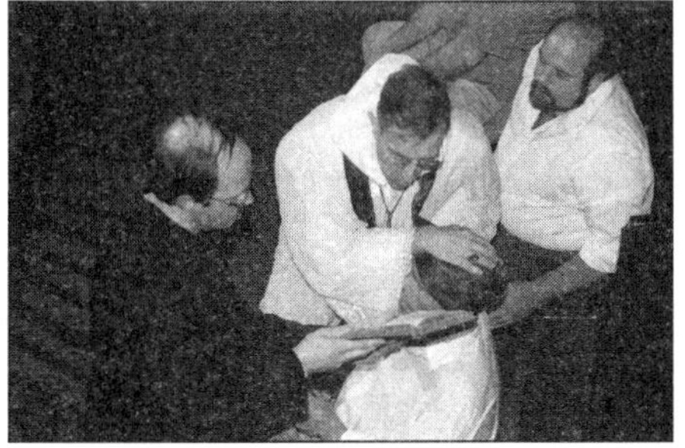

LONDRES

En Inglaterra, el mundo paranormal y de lo oculto siempre ha despertado un gran interés. Para aquel que tenga alguna duda, sólo tiene que leer las obras de cualquier autor británico, desde Shakespeare a William Blake o Robert Graves. Ésta es una de las razones por las que Ed y Lorraine Warren siempre se han sentido allí como en casa. También consideran que Inglaterra es un tesoro oculto para los demonólogos que se toman muy en serio su profesión.

Según **Ed:** «He perdido la cuenta de las iglesias desiertas o antiguas casas señoriales en las que hemos entrado por la noche, o las bibliotecas en las que hemos celebrado encuentros paranormales».

Lorraine añade: «Incluso hemos recorrido a pie los páramos a última hora de la noche y, créeme, *sir* Arthur Conan Doyle sabía lo que hacía cuando ambientó su novela *El sabueso de los Baskerville* en un lugar como ése. A medianoche, a veces la niebla puede ser tan densa en los páramos que casi tienes la sensación que has entrado en otra dimensión. Todo queda muy lejos: los ruidos, las luces, los sonidos del tráfico. Como si estuvieras en una burbuja. En otras visitas a Inglaterra, Ed y yo hemos trabajado en casos que tuvieron lugar en los páramos, y he de decir que cada vez que vuelvo allí, siempre siento un poco de aprensión. Por la noche, los páramos pueden ser un lugar aterrador».

Por supuesto, los Warren también se han topado en Inglaterra con algunas presencias fantasmales de lo más inofensivas. Tal y como cuenta **Lorraine:** «Una vez pasamos la noche en un *bed and breakfast* y la propietaria nos habló del fantasma que residía en el tercer piso. Se trataba del fantasma de una mujer del siglo XVIII y, según la dueña de la casa, su compañía era de lo más agradable. Este caso es muy importante porque demuestra que todas las infestaciones no las protagonizan espíritus malignos. De vez en cuando descubres que la profesión de demonólogo también tiene sus recompensas. Ni Ed ni yo tenemos ninguna duda sobre la existencia del más allá porque a menudo debemos enfrentarnos a sus secuelas. Nuestra profesión hace que te vuelvas una persona muy religiosa, sobre todo en un país como Inglaterra, donde existe una honesta tradición paranormal. La gente suele asociar a Inglaterra sólo con Alisteir Crowley y la práctica de las artes oscuras, pero olvida que también es donde nacieron muchos psíquicos y expertos en fenómenos paranormales con una gran capacidad».

◆ ◆ ◆

Londres era, como siempre, una combinación perfecta entre lo viejo y lo nuevo. Los Warren dedicaron el primer día a visitar algunos de sus lugares favoritos –Trafalgar Square, el palacio de Westminster–, y el segundo día se pusieron inmediatamente a trabajar en un caso especialmente difícil, el de una chica de dieciséis años que llevaba casi un año sin hablar. Tanto la chica como una amiga suya habían estado siguiendo las directrices de un grupo de *heavy metal,* directrices que las llevaron a «entrar en contacto con Satanás» de distintos modos, desde tarjetas satánicas a encantamientos, con el objetivo de invitar a Satanás a entrar en su vida.

Por desgracia, y aunque las chicas no se tomaran muy en serio la letra de la canción, algún tipo de fuerza demoníaca que vagaba por el universo sí que lo hizo.

Nadie, ni siquiera los diversos psiquiatras que examinaron a la chica, fueron capaces de encontrar una explicación a su trastorno.

Finalmente, los Warren pasaron casi toda una tarde con la niña en la sala de estar de la casa familiar. Los padres, quienes parecían estar sometidos a una gran ansiedad, le explicaron al matrimonio de demonólogos cómo había sido su vida durante los últimos doce meses.

Lorraine le preguntó a la madre si su hija guardaba algún objeto ocultista en su habitación. La madre, sorprendida, le aseguró tajantemente que no. Sin embargo, se dieron cuenta de que también parecía algo avergonzada, como si sospechara desde hacía tiempo que el problema de su hija tenía su origen en las fuerzas oscuras. El amigo de la familia que había invitado a los Warren también lo sospechaba.

Entonces Ed preguntó si podían subir al piso de arriba para inspeccionar la habitación de la chica. Aunque al principio los padres se mostraron reacios, finalmente accedieron.

No llevaban en la habitación más de diez minutos cuando Lorraine encontró un tablero *ouija* bajo la cama. La chica había continuado comunicándose con las fuerzas oscuras durante todo aquel tiempo. No era de extrañar que las fuerzas satánicas tuvieran semejante control sobre ella.

Visiblemente molestos ante el descubrimiento del tablero, los padres agradecieron a los Warren la ayuda prestada y prometieron vigilar de cerca a su hija. (Los Warren siguen en contacto con la familia. Al parecer, la chica ha roto sus ataduras con las fuerzas oscuras y, en la actualidad, estudia secretariado y lleva una vida normal).

Al día siguiente, el matrimonio Warren concedió diversas entrevistas para la radio y la televisión. La prensa británica suele ser mucho más dura que la estadounidense con las personas que tratan de difundir noticias falsas. Los periodistas norteamericanos jamás harían las preguntas impertinentes y punzantes, que son la marca profesional de la caterva de Fleet Street.

El hecho de que los Warren siempre hayan sido tratados con respeto por los reporteros británicos, y que siempre los inviten a volver a los programas de televisión en los que aparecen, dice mucho de la credibilidad del matrimonio de demonólogos.

Aunque los Warren estaban promocionando uno de sus libros, el cual se había publicado recientemente, aprovechaban cualquier oportunidad para difundir al máximo número de gente posible un mensaje que consideran fundamental: *los fenómenos paranormales se producen todos los días. No te avergüences ni tengas miedo de hablar si eres el protagonista de alguno de estos sucesos. Ponte en contacto con las personas adecuadas y ellas te ayudarán.*

Los Warren tuvieron una maravillosa estancia de nueve días en Inglaterra; visitaron a viejos amigos y conocieron otros nuevos, y después tuvieron que regresar a casa para ocuparse del caso que pasaría a conocerse como el «Asesino en la niebla». Durante la investigación, el rostro de un hombre no dejaba de aparecer en los sueños de Lorraine. Seis meses después, ésta ayudaría a la policía a localizar al hombre en cuestión, el cual finalmente fue arrestado por el cruel asesinato de una joven madre.

Un rostro en la pantalla

La vida de Bill Ramsey parecía estar claramente dividida en dos partes: la vida hasta el momento en que lo habían ingresado en el hospital psiquiátrico y la vida que llegó después.

Bill lo recuerda así: «La gente me miraba de otro modo después de pasar la noche en el hospital Runwell. Seguía cayéndoles bien y aún se preocupaban por mí, por supuesto, pero a sus ojos entonces era alguien "distinto". No podían entender que hubiera atacado a una enfermera; de hecho, yo tampoco podía, por lo que, para ellos, me había convertido en un "nuevo" Bill Ramsey. Aunque sería exagerado decir que me tenían miedo, notaba cómo mantenían las distancias. Gracias a Dios, mi familia me entendió, me apoyó y no me trataron como si fuera otra persona. Sin embargo, algunos amigos y compañeros de trabajo…».

Toda sociedad produce parias, personas que no son aceptadas en el seno de ésta. Bill empezaba a entender lo que significa ser un paria.

Cada vez era más consciente de las miradas de la gente, como si lo estuvieran examinando, y de sus comentarios cuando salía o entraba en algún sitio. Un día se quedó totalmente abatido al oír a dos compañeros de trabajo hacer bromas sobre él.

Especialmente los niños empezaron a mostrar que le tenían miedo. Era obvio que sus padres les habían contado historias oscuras y terribles sobre él, y los niños respondían mostrando auténtico pavor cada vez que se cruzaban con él por la calle.

Aparentemente, su vida cotidiana era la misma. Iba a trabajar, pasaba tiempo con su familia y tenía los mismos sueños que la mayoría de los hombres orgullosos de clase trabajadora. Sin embargo, Bill también tenía miedo de algo que se esforzaba por mantener en secreto. Le aterrorizaba pensar que la gente que le rodeaba no volviera a considerarlo nunca más como una persona «normal». También tenía otro miedo: un terror paralizante ante la posibilidad de que el síndrome del lobo volviera a manifestarse.

En su mesita de noche había una libreta y un lápiz. En cuanto se despertaba, fuera cual fuese el motivo, anotaba rápidamente lo que había estado soñando. Por la mañana comprobaba las notas en busca de alguna evidencia de que el lobo hubiera vuelto a hacerse presente en sus sueños. Afortunadamente, y le daba gracias a Dios todos los días, no encontró ninguna. Aprendió a sobrellevar el dolor que suelen sufrir todos los marginados, el producido por las mofas y el desdén ajeno que desgarra el alma, con la esperanza de que algún día su vida recuperara la normalidad.

◆ ◆ ◆

Un martes de principios del año siguiente al incidente, Bill se levantó en mitad de la noche para ir al cuarto de baño. Cuando volvía al dormitorio, oyó el tenue sonido de la televisión en la sala de estar. Uno de sus hijos debía de haberse quedado dormido en el sofá y, al despertarse, se había ido a la cama dejando el aparato encendido. Adormilado, Bill recorrió el pasillo hasta la sala de estar y se acercó al televisor. En la pantalla vio la imagen en blanco y negro de Lon Chaney en una de las películas clásicas de la Universal: *El hombre lobo.*

Aterrorizado de que aquello se convirtiera en un presagio, Bill alargó la mano para apagarla. Sin embargo, justo antes de que sus dedos rozaran el botón, se detuvo. En el papel de Larry Talbot, Chaney empezó a contarle a la mujer gitana que había sido maldecido y que rezaba a Dios para poder encontrar alguna forma de revertir la maldición. Bill observó la escena como otra persona podría ver *Hamlet* o cualquier otra tragedia clásica. Aunque Larry Talbot no había pedido tener aquella capacidad que le permitía transformarse en un hombre lobo, lo cierto era que podía hacerlo y, como resultado de ello, le había destrozado la vida. La gitana le dirigió una mirada grave y sacudió la cabeza. No, no podía hacerse nada; ya era demasiado tarde. Larry Talbot estaría maldito para siempre.

Bill apagó bruscamente el televisor y regresó al dormitorio. No volvió a pegar ojo. Se pasó la noche dándole vueltas a lo que había visto. Cuando amaneció, se levantó, desayunó y se fue a trabajar.

INCONTROLABLE

Bill visitaba con frecuencia a su madre, quien se había quedado viuda hacía unos años. A los dos les gustaba tomar el té juntos y hablar del pasado, del tiempo en que su padre aún estaba vivo y el mundo era un lugar mucho más sencillo y mejor para vivir. Bill siempre se sentía bien después de visitar a su madre, de modo que, al salir de su casa la noche del 28 enero de 1984, estaba de lo más relajado.

Sin embargo, pocos minutos después de subir al coche y circular bajo una ligera nevada de camino a casa, su estado de ánimo cambió repentinamente. Sin ningún indicio previo, se dio cuenta de que iba a tener otro ataque. Su temperatura corporal descendió, sintió una tensión en la mandíbula, como si su rostro se estuviera alargando, e imágenes de lobos empezaron a circular por delante de sus ojos. Golpeó el volante con el puño varias veces, tratando de detener la evidente pérdida de control. Sin embargo, por mucho que lo intentó, fue incapaz de evitar la abrumadora sensación de rabia y los impulsos violentos que empezaban a dominarlo. Sabía que sólo podía hacer una cosa. Condujo tan rápido como se lo permitía el resbaladizo asfalto en dirección al hospital.

◆ ◆ ◆

—Siéntese allí, por favor.

La enfermera era joven y atractiva, y era evidente que creía que Bill estaba borracho o se había vuelto loco. Miró a su alrededor frenéticamente en busca de ayuda. El vestíbulo de la sala de urgencias estaba vacío. Tendría que ir a buscar a alguien a otra sección del hospital.

—Por favor, no lo entiende –dijo Bill. Su voz tenía un tono suplicante, enfermizo. Sabía que estaba al borde de la violencia incontrolable.

—Señor, ¿quiere un café mientras voy a buscar a un médico?

Bill no la culpaba. Sabía que sus balbuceos acerca de lobos y de un poder oscuro que lo dominaba sólo servían para confirmar la sospecha de la joven enfermera de que se había vuelto loco. Pero debía hacerle entender de algún modo que estaba allí porque le ocurría algo muy grave y urgente.

Aunque no quería hacerlo, fue incapaz de contenerse. Golpeó a la enfermera con una mano que mantenía crispada en forma de garra, arrojándola a la otra punta de la sala. La enfermera se llevó por delante varias sillas, cayó sobre ellas y chocó contra la pared. Entonces empezó a gritar pidiendo ayuda.

Dos pacientes que estaban cerca llegaron corriendo al vestíbulo, vieron a la enfermera en el suelo, las sillas tumbadas y a Bill de pie en mitad del vestíbulo en actitud feroz y amenazadora. Cabe destacar que los dos pacientes demostraron una gran valentía. Avanzaron hacia Bill e intentaron someterlo antes de que pudiera seguir haciendo daño a la joven enfermera. Pero Bill no iba a ponerles las cosas fáciles.

Cuando los dos hombres se acercaron a él, Bill se abalanzó sobre ellos, lanzando a uno sobre las sillas desparramadas y al otro contra el mostrador de recepción. Entonces también ellos empezaron a gritar.

La enfermera, sin embargo, se había recuperado lo suficiente como para descolgar el teléfono que había en una de las paredes y hacer una llamada de emergencia. Pero Bill no iba a esperar que llegara nadie más que intentara capturarlo. Soltó un rugido que nació en su pecho y salió corriendo por el pasillo, adentrándose aún más en el hospital.

Bill estaba completamente desbocado. Se dedicó a arrojar contra las paredes cualquier cosa que se interpusiera en su camino: sillas, mesas, camillas, incluso a un médico que salía en aquel momento de una de las salas absorto en la lectura de un informe médico. En cuanto vio a Bill, supo inmediatamente qué le ocurría. Para evitar que se colara en uno de los pabellones, se colocó delante de la puerta para impedirle el paso.

Pero eso no disuadió a Bill. Cogió al hombre por los hombros, lo levantó del suelo unos treinta centímetros y lo lanzó contra la pared.

Por los altavoces del hospital empezó a sonar la alarma. Alguien había avisado a la policía y los agentes recorrían los pasillos en busca de Bill, quien seguía poseído por el lobo. Éste se adentró en una sala vacía y destrozó casi todos los muebles que había en ella en un ofuscado frenesí. Bajó por una larga escalera hasta el sótano del edificio y descubrió que no tenía salida. Entonces oyó como los agentes de la policía hablaban entre ellos mientras continuaban su frenética búsqueda.

Aún no había saciado su furia. Volvió a subir rápidamente las escaleras y recorrió un largo pasillo. Vio una sala en la que varios médicos internos y enfermeras estaban tomando café, se detuvo en la puerta y empezó a rugir. Los médicos se levantaron lentamente de sus asientos y avanzaron hacia él. Bill entró en la sala y arremetió contra ellos, destrozando nuevamente todos los muebles que se interponían en su camino. Los gritos y chillidos continuaron.

Agarró a un médico residente por el cuello y empezó a asfixiarle, pero en ese momento la policía irrumpió en la habitación. Bill soltó a su víctima y se dio la vuelta para enfrentarse a sus posibles captores. La policía actuó con mucha cautela. Los cuatro agentes rodearon a Bill y se aproximaron a él lentamente, con precaución. Pese a llevar las porras en la mano, era evidente que tenían miedo de aquel hombre que no dejaba de gruñir y rugir. Su actitud, agazapado delante de ellos y obviamente dispuesto a hacerles daño, sólo podía considerarse como lobuna.

Detrás de él había una ventana, y Bill consideró la posibilidad de romper el cristal y saltar por ella hacia la libertad. Pero era demasiado tarde. Los agentes de policía, armados con sus porras, cada vez estaban más cerca.

Cuando consideraron que la distancia era la adecuada, los cuatro policías cayeron sobre Bill de forma simultánea; lo agarraron por el cuello y el torso para tratar de inmovilizarlo. Sin embargo, aquélla no era una tarea precisamente fácil, como no tardaron en descubrir. Bill agarró a uno de los agentes por el pelo y el brazo y lo lanzó contra el suelo de madera. La caída fue tan violenta que el hombre estuvo cuatro días hospitalizado. Después de ver aquello, los otros tres agentes decidieron que ellos no iban a sufrir la misma suerte que su colega. Derribaron a Bill a base de puñetazos, porrazos, codazos y puntapiés y, después, lo inmovilizaron.

Después de esposarlo, la furia del lobo ya había empezado a disiparse. Bill volvía a sentirse normal.

Miró a su alrededor y vio los muebles desparramados por el suelo de la sala, los rostros asustados y enojados de los agentes, las esposas alrededor de sus muñecas y supo con una tristeza y un pavor terribles que acababa de sufrir otro ataque.

La vergüenza, el miedo y la confusión no lo abandonaron mientras la policía lo conducía hasta el coche patrulla. Durante todo el trayecto, médicos, enfermeras y pacientes salieron al pasillo para echarle un vistazo al supuesto hombre lobo que acababa de provocar el caos en el hospital y herido gravemente a varias personas.

Bill pensó: «Dios mío, ¿qué va a ser de mí?».

LA CÁRCEL

El término que mejor define a la cárcel, cualquier cárcel, es el dolor. Cualquiera que haya estado encerrado tras unos barrotes, aunque sólo hayan sido unas pocas horas, sabe que la cárcel está llena de personas que han perdido la esperanza y se han entregado a la aflicción. El alcohólico arrepentido que se ahorca en su celda; el matón que da palizas a aquellos que considera que son inferiores a él; el hombre que llora todas las noches mientras duerme. Ése es el tipo de gente que habita en las cárceles.

Después del ataque en el hospital, la policía inmovilizó a Bill Ramsey y lo subió al asiento trasero del coche patrulla. Dos fornidos agentes se sentaron a su lado y el vehículo lo trasladó a la cárcel de Southend.

Durante el trayecto, intentó explicarles a los policías lo que le había sucedido. Les dijo que, en realidad, no había querido hacerle daño a nadie y que era incapaz de controlar sus acciones cuando sufría uno de aquellos ataques. Los agentes se limitaron a mirarlo con sorna y desinterés. Bill llegó a la conclusión de que debían de considerarle un borracho común con tendencia a provocar altercados. Al llegar a la cárcel, descubrió que los agentes que le esperaban allí eran aún más severos que los que le habían reducido. Estuvo sentado en una pequeña habitación respondiendo preguntas durante una media hora. Se dio cuenta de que estaba temblando y temió venirse abajo y empezar llorar. Pese a preguntarle varias veces al hombre que le estaba interrogando si podía llamar a Abby, el agente se limitó a asegurarle que eso tendría que esperar.

Cuando el agente terminó, lo llevaron por un estrecho corredor hasta una celda de detención, donde le hicieron quitarse los zapatos y el cinturón. La puerta de la celda se cerró con un estruendo aterrador. Se sintió como en una jaula, como si nunca más fuera a recuperar su libertad.

Durante la siguiente media hora, Bill tuvo la oportunidad de familiarizarse con el ambiente y los sonidos propios de una cárcel. Vio pasar a varios prisioneros esposados; la mayoría eran jóvenes con la pena y la violencia pintadas en el rostro. Los llevaban a celdas situadas en otras dependencias del edificio. Bill rezó con fervor para no tener que pasar la noche allí.

Algún tiempo después, apareció otro agente. Se acercó a la puerta y la abrió.

—El médico forense quiere verte –le dijo.

Bill supo que el hombre estaba preparado para reducirlo si era necesario, pues no apartó en ningún momento la mano del mango de la porra. Después de lo que había ocurrido en el hospital, Bill no le culpaba. Supuso que él también se veía a sí mismo como un animal salvaje.

—¿Ha estado bebiendo? –le preguntó el forense.

—No.

—Entonces, ¿cómo explica lo que ha pasado en el hospital?

—Tuve un ataque.

—¿Es epiléptico?

—No.

—Entonces, ¿qué tipo de ataque ha tenido?

Bill bajó la vista.

—¿No quiere hablar de ello?

Bill sacudió la cabeza.

—No sé cómo explicarlo.

—Soy médico. He oído de todo.

—No, esto no.

—Póngame a prueba.

Bill se lo contó.

Al médico forense se le daba muy bien poner cara de póquer. Mientras le hablaba sobre su enfermedad, Bill prestó mucha atención a la expresión del médico en busca de señales de aceptación o incredulidad.

Sin embargo, el corpulento caballero, cuyo canoso cabello denotaba su edad avanzada, se limitó a escuchar impertérrito. No interrumpió a Bill en ningún momento.

Cuando terminó, el forense le dijo:

—De modo que ya ha estado una vez en Runwell, ¿no es así?

—Sí.

—¿Qué le parecería volver allí?

—¿Ahora?

—Sí. Creo que sería lo mejor. Los médicos le atenderían y…, bueno, creo que podrían ayudarle.

Al principio, la idea le pareció bien. Le gustaba la idea de salir de la cárcel. Sin familiares ni amigos a los que enfrentarse durante una temporada, protegido tras los muros del Hospital Psiquiátrico Runwell.

Pero entonces recordó las miradas de la gente después de su breve estancia en el hospital. Los ojos que le seguían a todas partes, como si pensaran que podía perder el control de nuevo en cualquier momento. La sorna en los rostros de casi todas las caras que le resultaban familiares. La asfixiante compasión en el semblante de las personas que se preocupaban por él. *Pobre Bill. Pobre viejo loco.*

Y comprendió que no podía hacerlo.

Si volvía a Runwell, todo el mundo sabría con certeza que estaba loco. Sería incapaz de detener las habladurías. ¿Cómo iba a mirar a la cara a sus compañeros de trabajo? ¿Cómo iba Abby a enfrentarse a sus amigos? ¿Cómo iban sus hijos a enfrentarse a sus compañeros de clase?

—Me pasa algo –dijo Bill.

—Eso es obvio.

—No, quiero decir que me pasa algo fuera de lo normal.

—Un delirio.

—¿Cómo?

—No parece estar psicótico. Al menos no después de las pocas pruebas que he podido hacerle esta noche. Pero es evidente que parece sufrir algún tipo de delirio.

Bill miró muy fijamente al forense y dijo:

—Me temo que no puedo volver a Runwell.

—¿Por qué no?

—Por lo que dirán mis amigos sobre mí.

—¿Y qué dirán?

—Que estoy loco.

—Muchas de las personas que están ingresadas en un hospital psiquiátrico no están locas. Dios, casi todo el mundo en este planeta debería pasar una temporada en un hospital psiquiátrico al menos una o dos veces en su vida. Ir allí no debería ser un estigma.

—Pero lo es.

El forense se sentó, encendió un cigarrillo y le pasó el paquete a Bill. Agradecido por el gesto, Bill también encendió uno.

—Tienes un problema, amigo –continuó el forense.

—Lo sé.

—Y no creo que vaya a solucionarse solo.

—Supongo que no.

—Y te diré algo más.

—¿Qué?

—La próxima vez que aparezcas por aquí, no voy a pedir tu opinión. –En la mirada del forense Bill vio ahora enojo–. Te enviaré a Runwell tanto si crees que es buena idea como si no.

Bill se sintió fatal. Sabía que lo más adecuado era ingresar de forma voluntaria en el hospital en ese momento, pero…

—¿Lo entiendes, Bill?

—Sí.

—Ya puedes largarte.

Bill no podía creer lo que acababa de oír.

—¿Puedo irme?

—Sí.

Era consciente de que había decepcionado al forense, que era una estupidez negarse a ir a Runwell, pero en aquel momento la libertad le pareció mejor que cualquier otra cosa.

Se despidió del forense con un gesto de la cabeza, siguió a un agente por el pasillo hasta un mostrador, donde le devolvieron los zapatos y el cinturón y, poco después, se encaminó hacia el hospital, donde había dejado el coche.

En lo único que podía pensar era en las ganas locas que tenía de ver a Abby.

Entrevista a Abby Ramsey

P: ¿Qué pensaste la noche en la que la policía te llamó para decirte que Bill había tenido otro ataque?

R: Había rezado mucho para que no volviera a repetirse. Y, durante una temporada bastante larga, las cosas habían estado tranquilas. Pero ese día lo cambió todo.

P: ¿Tenías miedo de estar a solas con Bill?

R: No tenía miedo de Bill, pero sí de la situación. Aunque no creía que pudiera hacerme daño, el modo en que se comportaba con los demás… Bueno, no estaba muy segura. Eso fue lo más difícil para la familia, entender qué estaba pasando exactamente. Si hubiera tenido un problema con la bebida, las drogas o algo así… Todos esos problemas son terribles, pero también son muy comunes. Te sometes a determinados tipos de tratamiento y obtienes unos resultados u otros. Pero en el caso de Bill, no sabíamos a qué nos enfrentábamos. ¿A un hombre que tenía miedo de estar transformándose en lobo?

P: ¿Alguna vez te planteaste la posibilidad de que Bill simplemente estuviera loco?

R: Bueno, ése es el problema con la situación que estábamos viviendo, que *todo* era posible. Supongo que no podíamos descartar la locura. Aunque creo que, en el fondo, nunca llegué a creerlo. Como he dicho, aunque no tenía ni idea de lo que le sucedía, tampoco creía que fuéramos a encontrar la respuesta en algo tan simple como su estado mental.

P: ¿Qué pasó la noche en la que Bill volvió a casa después de haber estado en comisaría?

R: Puedes imaginártelo. Un poco incómodo al principio. Bill estaba muy deprimido y, naturalmente, también muy avergonzado. Le preparé un de té y se quedó sentado en su sillón favorito un buen rato, meditando. Al principio no me dijo gran cosa, pero en cuanto empezamos a hablar, estuvimos sentados hasta prácticamente las dos de la mañana, repasando una y otra vez todo lo que había pasado aquella noche. Bill tenía mucho miedo de las repercusiones. No estaba seguro de poder levantarse para ir a trabajar a la mañana siguiente. Tenía miedo de no poder confiar más en sí mismo. Ya sabes, estar en el trabajo o caminando por la calle o en un supermercado y, de repente, atacar a alguien. Aún no recordaba todo lo que había hecho. Eso es lo que a nuestros amigos les costaba más de entender. Cuando Bill sufría un ataque, perdía completamente el control. Apenas era consciente, si es que lo era en absoluto, de lo que estaba haciendo. Y después recordaba muy pocas cosas.

P: ¿Tomasteis alguna decisión aquella noche?

R: No. Los dos estábamos agotados después de los acontecimientos de aquella noche, y también muy asustados. Supongo que podríamos haber tomado alguna decisión; no sé, asegurarnos de que Bill nunca saliera solo por la noche, pero también éramos realistas. Bill tenía que ir a trabajar, hacer recados solo, ir a visitar a su madre, cosas así. Es decir, llevar una vida sana y normal. Si hubiera tenido que seguirle a todas partes… bueno, digamos que no habría sido una forma sana de vivir, para ninguno de los dos.

P: ¿Qué hicisteis entonces?

R: Esa noche hicimos lo único que podíamos hace**r:** irnos a la cama y dormir. Le dije a Bill que ésa era la mejor medicina. Dormir y descansar. Siempre me he preguntado si los ataques no los estaría provocando la fatiga. Ya sabes, siempre combinaba un trabajo a tiempo parcial con su actividad habitual, además de echarle una mano a alguien con esto o aquello. No descansaba mucho y empecé a preguntarme si tal vez… Pero eso también pasó a convertirse en una forma de locura. Siempre intentando descubrir qué le provocaba los ataques. Incluso llegué a plantearme la posibilidad de que fuera algo que estaba haciendo *yo,* algo psicológico que estaba haciéndole daño de algún modo. En situaciones así, la mente te juega malas pasadas. Y era evidente que la mía lo estaba haciendo.

P: ¿Se sentía mejor por la mañana?

R: Se sentía descansado, pero era obvio que aún estaba deprimido y asustado. No le envidiaba por tener que ir a trabajar y enfrentarse a sus compañeros. La mayoría son muy agradables, pero ya sabes cómo son las personas. Supongo que yo me habría comportado igual ante alguien que asegura que tiene miedo de transformarse en lobo y que acaba de provocar el caos en un hospital.

¿Qué pensarías de una persona así? En el mejor de los casos, sentirías curiosidad. Y en el peor, despertaría en ti todo tipo de oscuras sospechas. O incluso tendrías miedo de él. De hecho, es algo que lo vivimos en primera persona. De vez en cuando una de mis amigas se ponía muy tensa en su presencia. Supongo que pensaba que en cualquier momento podía perder el control y atacarla. Bueno, como he dicho antes, no le envidiaba por tener que levantarse por la mañana y enfrentarse a todas esas cosas.

P: ¿Pero lo hizo?

R: Por supuesto. Él es así. Siempre en su papel de padre y marido, el hombre que mantiene a la familia. Incluso llegó bromear sobre ello, aunque las bromas fueron más tristes que graciosas.

P: ¿Empezaste a tener miedo cada vez que sonaba el teléfono?

R: Sí, he de confesar que tenía miedo. Se me formaba un nudo en el estómago y, a veces, me temblaba la mano al descolgar.

P: ¿Rezabas mucho?

R: Constantemente. Y Bill y los niños rezaban conmigo.

P: ¿Conseguiste relajarte algo a medida que pasaban los días?

R: Sí, un poco. Aunque creo que Bill y yo siempre estábamos un poco tensos. Para empezar, al vivir en una localidad tan pequeña como la nuestra, te topas constantemente con cosas que te recuerdan lo que sucedió. Levantas la mirada y ves el hospital a lo lejos o a una enfermera que estaba de guardia aquella noche o a un viejo amigo que parece un poco nervioso al verte. Nunca consigues sacártelo del todo de la cabeza. Al menos yo no podía, y creo que Bill tampoco.

P: ¿Te planteaste la posibilidad de visitar a algún médico?

R: Bill tenía miedo de que cualquier cosa que hiciéramos lo llevara de regreso a Runwell. De modo que decidimos que simplemente seguiríamos rezando y llevando una vida familiar sana. Confiábamos en que con eso sería suficiente.

P: ¿No crees que ésa era una actitud de negación, que estabais evitando el problema?

R: Sí, supongo que en cierto modo era así, pero también creo que fue una reacción muy humana. Ya habíamos pasado por una situación muy difícil. ¿Por qué complicar más las cosas? ¿Y quién podía estar seguro de que no se había terminado? Tal vez Bill no volviera a sufrir un ataque nunca más y podíamos volver a llevar una vida normal. Al menos, ésa era nuestra esperanza.

P: ¿Pero la vida no volvió a la normalidad?

R: En realidad sí, al menos durante una temporada.

P: Pero el problema terminó reapareciendo, ¿no es así?

R: Sí, y peor que nunca.

REPERCUSIONES

No cabía ninguna duda. Después del último ataque, la vida de Bill Ramsey cambió considerablemente.

Para empezar, sentía la vigilancia continua por parte de algunos de sus amigos y compañeros de trabajo, como si constantemente lo estuvieran evaluando y tanteando. Además, también sentía la presión que se ejercía a sí mismo. Cada vez que notaba los síntomas de un catarro, temía estar a punto de sufrir otro ataque. Incluso vigilaba lo que comía. Abby había leído en una revista que a veces la dieta afecta el estado mental de las personas, por lo que modificó las costumbres alimentarias de la familia: pescado en lugar de carne roja o ensaladas en lugar de verduras con salsas pesadas. Bill bebía agua mineral en lugar de alcohol. No obstante, la nueva dieta no parecía surtir un efecto positivo en su estado de ánimo, pues aún sentía una gran ansiedad ante la posibilidad de sufrir otro ataque.

Afortunadamente, pudo disponer de algunos meses de respiro antes de que se reanudaran los problemas. Poco a poco, la tensión que percibía en sus compañeros de trabajo fue disminuyendo y pudo volver a pasear por la ciudad sin sentirse como un criminal. Había tenido un problema, pero ya lo había superado.

Sin embargo, las pesadillas continuaron. El sueño era de lo más repetitivo: corría por un camino largo y estrecho al anochecer. Cuanto más lejos y más rápido corría, menos humano se sentía. Paulatinamente, la parte superior de su cuerpo se transformaba en la de una bestia y, poco después, avanzaba a toda velocidad por el camino en la forma de un lobo salvaje.

No le contó nada a Abby. Ya estaba demasiado preocupada.

Un día, Bill pasó por delante del dormitorio de Ann, su hija mayor, que trabajaba de enfermera en el Hospital St. Bartholomew, en Londres, y encontró varios libros de texto de enfermería. Bill los consultó con la esperanza de encontrar alguna enfermedad con los mismos síntomas que tenía él.

En palabras del propio Bill: «Solía entrar en su habitación cuando no había nadie en casa. No quería que nadie supiera lo que estaba haciendo. No quería que se preocuparan. Es decir, no habíamos tenido ningún problema en más de un año, ¿por qué obligarlos a pasar otra vez por todo aquello? Pero yo sentía mucha curiosidad. Me pasé horas leyendo aquellos manuales; de hecho, prácticamente los estudié de arriba abajo.

»Incluso llegué a aprenderme la jerga médica. Sin embargo, por mucho que leyera o buscara, no logré encontrar nada parecido a mi dolencia.

»Entonces, un día, me topé con el término "licantropía". Al principio no supe lo que significaba. Seguí leyendo y descubrí que lo describían como un "trastorno mental que provoca que el paciente crea que es un hombre lobo". Noté cómo me subía la sangre a la cabeza. Me sentí avergonzado. El concepto "trastorno mental" implicaba que el paciente, o sea yo, estaba mentalmente perturbado.

»Fui a la biblioteca para consultar otros libros. Quería averiguar si había casos documentados de personas que al parecer se hubieran transformado en un lobo; en la realidad, no sólo en su imaginación.

»Fue entonces cuando descubrí la historia de Jean-Paul Grenier, quien, en 1798, se dedicó a robar bebés de sus cunas para después comérselos vivos. A veces compartía a sus "presas" con los lobos que vivían en los bosques cercanos. Hacía mucho tiempo que había empezado a verse a sí mismo como un lobo.

»Descubrir aquel caso me afectó muchísimo. Aunque, evidentemente, aquel joven estaba loco, su locura le había llevado a cometer atrocidades. No sólo se veía así mismo como un lobo, sino que se comportaba como uno e incluso se dedicaba a devorar la carne de bebés humanos.

»Sentí un pánico muy real. ¿Y si mi problema me llevaba en esa misma dirección? ¿Y si la próxima vez, si había una próxima vez, no sólo atacaba a alguien sino que también trataba de morderle?

»Intenté convencerme a mí mismo de que aquello era imposible. No tenía ningún deseo consciente de hacer lo que había hecho Jean-Paul Grenier. Aun así, durante los meses siguientes, se convirtió en mi pesadilla recurrente.

»Una noche estaría caminando por una calle oscura y vería a una mujer avanzando hacia mí por entre la niebla, incluso podía oír el repiqueteo de los tacones sobre la acera, y no podría controlarme. La atacaría y le desgarraría la carne.

»Aunque jamás compartí con nadie estos temores, a veces, cuando pasaba por delante del Hospital Psiquiátrico Runwell, pensaba en lo seguro que estaría allí dentro, mis miedos controlados, mi comportamiento constantemente analizado por el personal.

»Pero sabía que nunca me atrevería a volver a Runwell. Desde hacía algún tiempo había vuelto a recuperar parte del respeto perdido entre mis amigos. Desde hacía algún tiempo la gente había empezado a aceptarme de nuevo como la persona que era antes. Desde hacía algún tiempo había empezado a sentir otra vez que era un ser humano razonablemente normal, alguien en que se puede confiar para cualquier cosa, a pesar de las pesadillas e inseguridades.

»De modo que, pese a que la historia de Jean-Paul Grenier siempre estaría presente en algún rincón de mi mente, empecé a relajarme. Incluso salí algunas noches con mis compañeros para tomar una o dos pintas después del trabajo. Descubrí que era capaz de controlarme y que no era nadie especial, sólo una persona trabajadora más.

»Pasaron dos años. Aunque por entonces Abby apenas mencionaba los ataques, una noche se irguió sobre la cama y, tras besarme con ternura, me dijo:

»—Somos muy afortunados.

»—Sí, es verdad.

»—Tenemos una familia increíble y buena salud… y no tenemos ningún problema.

»No tuve que preguntarle a qué "problemas" se refería. Le devolví el beso, le acaricié el cabello y la abracé con cariño. Abby siempre sería el amor de mi vida.

»—Ya ha pasado –le dije. Hacía meses que no mencionábamos el tema.

»—¿Estás seguro? –me preguntó ella.

»—Sí.

»—No sabes lo feliz que me hace oír eso.

»—Fue sólo una fase por la que pasé. No tengo otro modo de explicarlo.

»Abby me abrazó. Estuvimos abrazados mucho rato, a oscuras, como solíamos hacer de recién casados, felices simplemente por tenernos el uno al otro. Abby se quedó dormida en mis brazos y, en algún momento, a mí también me venció el sueño.

»Aquella noche volví a tener la pesadilla. Corría por un camino muy largo al anochecer. Y, mientras corría, me transformaba en un lobo, lenta pero irrevocablemente. Corría en dirección a una enorme luna rojiza que asomaba justo por detrás de las nubes grises del atardecer.

»Me desperté bañado en un sudor tan frío que los dientes me castañeteaban. Fui al cuarto de baño a buscar aspirinas. No podía dejar de temblar. Volví a acostarme e intenté dormir, pero me resultó imposible.

»Me quedé tumbado en la cama hasta el amanecer, hasta la hora de levantarme para ir a trabajar. Estaba agotado y tenía miedo. No podía recordar la última vez que había tenido tanto miedo, y ni siquiera estaba seguro del motivo. Lo único que sabía era que estaba a punto de suceder algo terrible. Muy pronto».

Interludio: El hombre lobo que vive entre nosotros

Sabine Baring-Gould y Montague Summers se dedicaron a recopilar numerosos casos de licantropía a lo largo de la historia. Tal vez el más famoso, y también el más obsceno, sea el de Gilles de Laval, el Mariscal de Retz, que Baring-Gould se encargó de relatar en *El libro de los hombres lobo*.

Laval, uno de los nobles más poderosos de Francia, fue llevado ante la justicia en el año 1440 para responder a las acusaciones según las cuales era el responsable de la desaparición y muerte de decenas de niños, hijos de mendigos y campesinos. Fue acusado de perpetrar terribles atrocidades a los niños en el castillo de Machecoul, una sombría fortaleza de altos torreones y rodeada de fosos profundos; según el testimonio de los campesinos, algunas noches podía distinguirse un «intenso resplandor rojo» en una de las ventanas de una torre solitaria y se oían «terribles gritos que salían del mismo lugar y que atravesaban el silencioso bosque, donde recibían como única respuesta los aullidos de los lobos al salir de sus guaridas».

Durante el juicio a Laval, el testimonio de dos de sus sirvientes fue vital para demostrar que las acusaciones eran ciertas: no había asesinado a decenas sino a cientos de niños durante un período de ocho años, decapitándolos, estrangulándolos, mutilándolos y mediante otros terribles medios. Laval declaró en su confesión que experimentaba un intenso placer con la agonía ajena, y que a veces incluso se bañaba en la sangre de sus víctimas. Fue declarado culpable y condenado a la horca, un final bastante caritativo para uno de los monstruos más depravados de todos los tiempos.

La descripción que hace Baring-Gould de Laval durante el juicio es muy significativa: «Tenía el cabello y el bigote castaños, y llevaba la barba recortada en punta. La barba, que no se parecía a ninguna otra, era negra, pero, bajo determinada luz, adquiría una tonalidad azulada, y era esta peculiaridad lo que hizo que se le pusiera el apodo de Barba Azul, el nombre con el que se le conocería en las novelas populares…

»Pero si examinamos con mayor detenimiento el semblante de Gilles de Laval, la contracción de los músculos de la cara, los temblores nerviosos de la boca, los movimientos espasmódicos de las cejas y, sobre todo, la expresión siniestra de sus ojos, no cabe duda de que aquel hombre ocultaba un secreto extraño y espantoso. De vez en cuando apretaba los dientes como una bestia salvaje a punto de abalanzarse sobre su presa…».

Una joven prostituta

A sus diecinueve años, cuando Lauren Reynolds echaba la vista atrás, era incapaz de recordar exactamente cómo había decidido empezar a ejercer la prostitución, y de eso hacía tan sólo dos años.

Lauren era una chica de clase trabajadora de un pequeño y remoto pueblo que había llegado a Southend-on-Sea para trabajar como secretaria en una de las oficinas del Gobierno, pero poco después se habían producido algunos despidos y…

Lauren no tenía ningunas ganas de regresar al pequeño pueblo donde había crecido. Le gustaba Southend-on-Sea, especialmente porque sólo estaba a cuarenta minutos de Londres, donde iba casi todos los fines de semana en busca de nuevos locales donde conocer a gente nueva.

Intentó trabajar en varias tiendas, pero en ninguna de ellas ganaba tanto como en su anterior trabajo. En cierto momento llegó a tener tres trabajos a tiempo parcial, lo que no le dejaba tiempo para conocer a nuevos amigos ni ir a los bares de moda.

Claudia fue la primera persona en hablarle de la prostitución. Claudia siempre le había contado a todo el mundo que se dedicaba a vender cosméticos y que trabajaba por cuenta propia. Claudia, que era cinco años mayor que Lauren, tenía una ropa preciosa y mucho dinero para gastar. Una noche, mientras se tomaban unas copas, Lauren le comentó a su amiga que se estaba planteando volver a su pueblo natal y vivir con sus padres. Fue entonces cuando Claudia le reveló que en realidad se dedicaba a la prostitución.

Lauren se quedó más sorprendida que escandalizada. Siempre había relacionado aquella profesión con mujeres dejadas de mediana edad, no con chicas jóvenes y vivaces como Claudia.

—¿Por qué no lo intentas? –le propuso Claudia.

—¿Yo? Oh, sería incapaz. –Lauren notó cómo se sonrojaba.

—Las primeras veces es un poco raro, lo admito, pero después…

El tema no volvió a surgir hasta unos meses después, cuando Lauren se encontraba en una situación desesperada después de perder uno de sus trabajos a tiempo parcial. Cuando se lo contó a Claudia, ésta le dijo con una sonrisa de suficiencia:

—El señor Hammond necesita una acompañante esta noche.

—¿Quién?

—El señor Hammond. Es un distribuidor de recambios para vehículos. Pasa unas cuantas noches al mes con una amiga mía que se llama Mónica. Pero ha cogido la gripe.

—Quieres decir que ella…

Claudia se puso a reír.

—Sí, cielo, exactamente eso es lo que hace.

Después de cuatro o cinco copas, sin saber muy bien cómo, Lauren accedió quedar con el señor Hammond. No era en absoluto como lo había imaginado. Era un hombre agradable, delgado y de mediana edad. La llevó a un motel caro de las afueras de la ciudad y eligió una habitación con unas hermosas vistas. Cuando cerró la puerta y se volvió hacia ella, Lauren sintió por primera vez auténtico pánico. ¿De verdad podría quitarse la ropa delante de un hombre que no conocía ni quería?

El señor Hammond le puso las cosas más fáciles sirviendo una copa de whisky para cada uno. A continuación, empezó a besarla y acariciarla como si fueran dos amantes que aún iban al instituto. El señor Hammond era un hombre romántico, algo que Lauren agradeció. Le dijo que era muy hermosa, que tenía un cuerpo precioso y que parecía una chica muy dulce y agradable.

Veinte minutos después, con las luces apagadas y el rumor del mar procedente de la cercana costa, el señor Hammond le hizo el amor a Lauren.

Cuando terminaron, le pagó una buena suma de dinero, la besó con cariño casi paternal en la mejilla y le dijo que esperaba volver a quedar con ella otro día. La acompañó de vuelta al *pub* donde Claudia los había presentado.

Lauren no podía decir que hubiera sido una mala experiencia; en absoluto. Incluso había sentido una extraña ternura por el señor Hammond. Al cabo de un mes, después de otras experiencias similares, Lauren se convirtió en prostituta a tiempo completo. Se juró a sí misma que jamás volvería a su pueblo natal.

Dos años después, Lauren pensaba en todas estas cosas mientras caminaba por una calle oscura y azotada por la lluvia en la zona de almacenes de Southend-on-Sea. A aquellas alturas, era evidente que Lauren había perdido la inocencia de los primeros tiempos en la profesión y había tenido muchísimas experiencias con hombres que difícilmente podrían denominarse tiernas. Los hombres habían intentado con ella todo tipo de perversiones y, como la mayoría de las prostitutas, Lauren había llegado a la conclusión de que todo el género masculino estaba compuesto por una panda de cerdos egoístas y vanidosos. Por supuesto, había algunos clientes que le gustaban, como el tímido contable, el señor Robbins, pero casi siempre que tenía tiempo libre lo pasaba con otras amigas prostitutas, contándose mutuamente historias sobre sus clientes y pasando el rato alegremente.

Aquella noche, Lauren estaba haciendo la ronda en el barrio rojo. Aquél no estaba siendo un mes especialmente bueno; tanto la recesión como la política de recortes de Margaret Thatcher seguían afectando negativamente a la economía británica. Por tanto, Lauren se había visto obligada a ofrecer sus servicios en una parte de la ciudad donde los hombres observaban la mercancía desde sus vehículos.

Aquel tipo de servicios siempre le habían producido bastante inquietud porque nunca sabías lo que podían hacerte si subías al coche de un desconocido. Pero, dado el estado de sus finanzas, Lauren no tenía muchas más opciones. Sólo veinte minutos después se produciría el aterrador encuentro con Bill Ramsey.

◆ ◆ ◆

Debido a una nueva desaceleración de la economía, Bill se vio forzado, una vez más, a aceptar trabajos con los que complementar sus ingresos, en esta ocasión para una empresa que realizaba reformas en locales comerciales y que, en aquel momento, estaba llevando a cabo tareas de remodelación en un gran bloque de apartamentos en Hornchurch, una ciudad mediana situada a unos veinticinco kilómetros de Londres. A Bill le gustaba tanto el trabajo como sus compañeros. Había pasado mucho tiempo desde su último ataque y había empezado a olvidarse de sus problemas. Abby y los niños también parecían felices.

La noche del 22 de julio de 1987, Bill cogió la furgoneta de la empresa en Hornchurch para poder acompañar a sus compañeros de trabajo a sus respectivas casas. Y, después, cometió el error de detenerse en el White Horse Inn. La noche era muy calurosa y Bill estaba sediento después de un largo día de trabajo, así que decidió tomarse una cerveza rápida. Pero, evidentemente, no fue sólo una. Cada vez más animado, se encontró con algunos viejos amigos y empezó a beber como no lo había hecho desde hacía más de dos años.

Cuando se marchó del *pub* algunas horas más tarde, estaba borracho, como no podía ser de otro modo. Como le preocupaba que la policía pudiera pillarlo, decidió volver a casa por el paseo marítimo de Southend. Además de ser la ruta más directa, con un poco de suerte a aquellas horas habría muy poco tráfico.

La ruta, sin embargo, pasaba por el barrio rojo, y fue allí donde concibió su extraño plan…

Como él mismo contaría posteriormente, vio a Lauren caminando por la calle y decidió convencerla para que subiera a la furgoneta. Una vez que lo hubiera conseguido, la pondría bajo arresto civil y la llevaría a la comisaría de policía más cercana. La versión de Lauren difiere considerablemente a la suya:

«Estaba caminando por la calle. Era tarde y estaba oscuro, y eso siempre me pone nerviosa. Entonces noté que un coche me seguía lentamente unos metros por detrás. Me di la vuelta y vi una furgoneta, aunque no podía distinguir bien la cara del hombre. Me pregunté si estaría buscando compañía. No obstante, por el modo en que conducía, no me dio esa impresión. Parecía tener otras intenciones.

»Puedes imaginarte lo que sentí. Una furgoneta pisándome los talones, por así decirlo, y el hombre al volante mirándome fijamente. Me planteé echar a correr, pero en seguida me di cuenta de que el hombre podía bajar fácilmente del vehículo y atraparme. Hubiera dado cualquier cosa por que en aquel momento apareciera un coche patrulla. A muchas chicas no les gusta la policía, pero a mí sí. Pese a mi profesión, siempre he pensado que los agentes son muy amables y dan mucha seguridad. Sólo quería llegar a la comisaría y sentirme segura.

»Entonces la furgoneta aumentó la velocidad, me pasó por el lado y se detuvo en el arcén. No supe qué hacer. A pesar de mi aprensión, tal vez el hombre sólo estaba allí en busca de un poco de compañía. Tal vez tenía buenas intenciones. Empecé a caminar en dirección a la furgoneta. El hombre se inclinó para abrirme la puerta. Me pareció un hombre atractivo; hasta que le miré a los ojos. Había algo extraño en su mirada. No sabría cómo definirla.

»Me invitó a subir al vehículo, pero me di cuenta de que era mejor que no lo hiciera. Me di la vuelta y empecé a alejarme, y entonces él me llamó. Volví sobre mis pasos de mala gana.

»—¿Sí? –dije.

»—¿Por qué no subes?

»—¿Por qué habría de hacerlo?

»—Para dar un paseo.

»—¿Por dónde?

»—Oh, por los alrededores, supongo.

»En ese momento parecía un cliente más; un poco tímido, incluso reservado.

»—¿En qué estás pensando?

»—Creo que lo sabes muy bien.

Ya no me parecía tan inquietante. Incluso sus ojos me resultaron bastante normales. Volví a sonreír.

»—Es muy tarde. Es probable que mi madre esté preocupada.

»—Claro –se rio–. Tu madre.

»Subí a la furgoneta. No debería haberlo hecho, lo sé, debería haber confiado en mi instinto, pero lo cierto es que subí. El hombre cerró la puerta y arrancó».

Bill condujo tres calles en silencio.

—¿Va todo bien? –le preguntó Lauren.

Se dio cuenta de que la chica estaba asustada y le gustó la sensación.

—Te he preguntado si todo va bien.

Bill siguió sin decir nada.

—¿A dónde me llevas?

Nada. Se limitó a seguir conduciendo en línea recta. Vio el pánico reflejado en su mirada.

—Quiero bajar –dijo ella.

Bill pensaba: «Se va a llevar una sorpresa cuando vea adónde la llevo».

—Te estoy poniendo bajo arresto civil.

—¿Que estás haciendo qué?

—Lo que has oído.

—Pero, ¿por qué?

—Eres demasiado joven para dedicarte a la prostitución.

—Estás loco.

—Es posible.

Entonces vio adónde la llevaba y empezó a reír.

—Vaya, lo decías en serio.

—Sí.

—Madre mía, estás como una chota.

«No sabía lo que estaba haciendo –comenta Bill acerca del incidente–. Sólo sentía la imperiosa *necesidad* de llevarla a la comisaría de policía. Tal vez, de forma inconsciente, tenía miedo de hacerle daño y quería llevarla a un lugar seguro. No tengo ni idea de por qué estaba tan decidido a llevarla a la comisaría, pero la cuestión es que detuve el vehículo en la parte posterior de ésta y apagué el motor. La chica volvía a estar muy asustada. Y confundida. No me quitaba ojo, como si fuera a encontrar en mi cara la respuesta a lo que estaba sucediendo».

Poco después de que Bill apagara el motor de la furgoneta, Lauren dijo:

—Voy a bajar.

—Adelante.

—De acuerdo.

Al parecer, la chica pensaba que iba a intentar detenerla. Asió la manija de la puerta y tiró de ella hacia abajo. La puerta se abrió de golpe. Volvió a mirar a Bill con el miedo aún en los ojos.

—Voy a entrar y pedir ayuda a un agente.

Bill giró la cabeza y la fulminó con la mirada. La chica puso un pie en el suelo. «Santo Dios –pensó–, ya casi estoy fuera de la furgoneta. Si sólo pudiera…».

Bill alargó una mano para agarrarla, pero ya era demasiado tarde.

La chica ya estaba corriendo, alejándose de la furgoneta, la puerta completamente abierta. Ni siquiera la había cerrado. Bill se quedó allí sentado, escuchando sus pasos mientras la chica corría en dirección a la puerta lateral de la comisaría. Estaba confundido. Intentó entender su estado de ánimo, pero fue incapaz.

Aunque en ese momento mismo sentía una extraña calma, sabía que algo iba terriblemente mal. Dentro de pocos minutos sentiría un rugido ronco formándosele en el pecho y cómo las manos se le crispaban en forma de garras. Hizo todo lo posible por bloquear las imágenes del lobo que asaltaron su mente.

Corría por un camino y, cuanto más rápido y más lejos corría, más se transformaba en una criatura de cuatro patas, en un lobo…

No pudo contenerse. Estaba empezando a transformarse. Nunca antes había tenido una sensación tan abrumadora de ser un lobo.

Abrió la puerta de la furgoneta y bajó. Empezó a caminar lentamente hacia la comisaría. En su pecho volvió a formarse otro rugido animal. Notó cómo se tensaba todo su cuerpo, como si estuviera preparándose para una terrible transformación. Un policía apareció por una esquina del edificio y Bill se dirigió directamente hacia él. No sólo estaba avanzando hacia un policía, sino también hacia su perdición.

Un policía asustado

La noche de su encuentro con Bill Ramsey, Brad Busby contaba con más de veinticinco años de experiencia a sus espaldas. Era un hombre corpulento, con una fuerza que se hacía evidente tanto por su formidable complexión como por su dura mirada. Busby era famoso entre sus compañeros por su capacidad para controlar prácticamente cualquier situación. Eso no quiere decir que nunca tuviera miedo. Los agentes de policía suelen tenerlo, pero aprenden a lidiar con él para poder cumplir con su deber todos los días. Busby no era una excepción, pues era capaz de controlar el miedo en cualquier situación.

Busby recuerda de este modo el incidente de aquella noche: «En realidad, no puedo explicar muchas cosas del incidente con Bill Ramsey, excepto que jamás había tenido una experiencia similar. Estaba con varios de mis compañeros en el interior de la comisaría cuando vimos entrar a una joven por la puerta de atrás. La chica empezó a ir de un lado a otro en busca de alguien que pudiera ayudarla. No era la primera vez que veía a alguien con síntomas de histeria, histeria clínica, quiero decir, y eso es lo primero que pensé al verla. Estaba totalmente aterrorizada, hasta el punto de que le costaba incluso caminar.

»Nos acercamos a ella y le preguntamos qué le ocurría. Pese a que no podía expresarse con claridad, nos dijo que había un hombre fuera, que tenía mucho miedo de él y que quería que la protegiéramos. Me ofrecí a salir al exterior para localizar al hombre y averiguar qué estaba ocurriendo. Podía ser un caso de violencia doméstica en el que los dos se exceden con la bebida o las drogas; o también podía ser un caso de intento de asesinato. La joven estaba tan asustada y enfadada que me pregunté si no habría sufrido algún tipo de abuso. Quizá la conmoción estaba provocada por algún tipo de trauma.

»Salí y miré hacia todos lados. Detrás de la comisaría hay una caseta donde guardamos a los perros policía. Oí ladrar a unos cuantos. Algo les inquietaba. Fui hasta allí y vi una furgoneta que no reconocí. Seguí mirando a mi alrededor y entonces vi a Bill Ramsey. Estaba de pie a unos metros de la furgoneta, completamente inmóvil y mirándome fijamente.

»La primera impresión que tuve fue que había estado bebiendo. Lo supe por su actitud. Créeme, si de algo sabemos los agentes de policía es de borrachos. Me acerque a él. No quería problemas. Contrariamente a lo que piensa mucha gente, la mayoría de los agentes son tipos tranquilos que prefieren resolver los conflictos pacíficamente en lugar de verse involucrados en algún tipo de altercado. Cuanto más me acercaba a él, más fuerte era el olor a alcohol. Decidí pedirle que me acompañara al interior para hacerle la prueba de alcoholemia. La mayoría de la gente nunca pone objeciones.

»—Buenas noches, caballero –le dije.

»Él siguió mirándome fijamente. Llevaba observándolo un buen rato, y me di cuenta de que había algo en él que no terminaba de encajar. Especialmente en sus ojos, los cuales tenían algo que no terminaba de ser completamente humano. Empecé a ponerme nervioso.

»—¿Podría decirme cuál es su nombre, por favor?

»Él siguió mirándome como si no le hubiera dicho nada.

»—Su nombre, por favor.

»—Bill Ramsey.

»—Bill, hay una joven muy asustada en la comisaría. Al parecer, acaba de bajar de tu furgoneta. Me gustaría que entrara conmigo para hacerle la prueba de alcoholemia, a ver si podemos aclarar qué ha sucedido.

»Bill volvió a quedarse mudo.

»Alargué la mano para cogerlo por el brazo y guiarlo hacia la comisaría, pero él se apartó de mí, muy enojado. Empezó a murmurar algo en voz baja, pero no pude entender nada de lo que decía. Detrás de él, los perros ladraban furiosamente; parecían estar muy inquietos. Jamás los había visto reaccionar de aquel modo ante nadie.

»—Venga, acompáñame –le dije tratando de que mi voz sonara amistosa e informal.

»Pero cuando volví a tocarle el brazo, él volvió a zafarse. Oí una especie de ronquido que se originó en su pecho y le subió por la garganta. Al principio, lo confundí con los ladridos de los perros, pero no tardé en darme cuenta de que había sido él, Bill Ramsey. Fue entonces cuando me atacó. No puedo describirlo de otro modo; eso fue lo que pasó, simple y llanamente. Estaba de pie frente a él y me atacó.

»Antes de darme cuenta de lo que estaba pasando, Bill me tiró al suelo y se abalanzó sobre mí. Su rostro sufrió una transformación indescriptible. Su mirada se volvió especialmente demente. Sus labios se retrajeron y me enseñó los dientes; de repente, sus manos se transformaron en garras. Sus acometidas recordaban a las de un animal, como si intentara desgarrarme la carne.

»Soy un hombre grande y fuerte. En mi cuarto de siglo de experiencia en el Departamento de Policía, muchas veces me han pedido ayuda para contener situaciones violentas. Sé cómo utilizar mi fuerza física cuando es necesario. Además, he tenido que enfrentarme a un buen número de borrachos peligrosos.

»Sin embargo, con Bill Ramsey fue muy distinto. No podía contenerlo. Mientras peleábamos en el suelo, él no dejaba de lanzarme zarpazos y desgarrarme la piel. Intenté inmovilizarlo con varios tipos de llaves, pero me resultó imposible. Lo más asombroso era que, cuanto más luchábamos en el suelo, más fuerza parecía tener.

»Su furia empezó a surtir efecto. Noté cómo empezaba a hacerme daño de verdad, sobre todo en la espalda, pues no dejaba de golpearme una y otra vez contra el suelo. Entonces me rodeó el cuello con las manos y empezó a estrangularme. No puedo expresarlo de otra forma; noté cómo la vida me abandonaba lentamente. Miré hacia arriba y vi reflejado en sus ojos un júbilo absoluto. Sabía que me estaba matando y disfrutaba con la sensación.

»Intenté agarrarle también por el cuello, para detenerlo, pero no lo conseguí. No sólo me estaba abandonando la vida, sino que el miedo también empezaba a paralizarme. Aquello era algo que nunca me había pasado en todos los años que llevaba en la policía. Me habían contado historias, por supuesto. Sabía que el miedo en el momento adecuado puede llegar a inmovilizar a una persona, pero hasta entonces no lo había experimentado en persona. Siempre había pensado, con cierto aire de suficiencia, que aquello no podía pasarme a mí. Si alguna vez me encontraba en una situación como ésa, mi instinto de supervivencia se impondría. Pero no fue así; Bill Ramsey siguió estrangulándome.

»Empecé a perder el conocimiento.

»—¡Cuando el diablo está dentro de mí, soy fuerte! —repetía sin parar Bill Ramsey. Era como un cántico religioso. Y cuanto más lo decía, más extraño se volvía su rostro, especialmente los ojos, y más fuerte se volvía él.

»La oscuridad empezó a cubrirlo todo. Noté como un intenso escalofrío me recorría todo el cuerpo. La voz de Bill Ramsey era cada vez más débil. Me di cuenta de que me estaba muriendo y de que no podía hacer absolutamente nada por evitarlo. Bill Ramsey iba a matarme allí mismo, en el aparcamiento de la comisaría. Entonces perdí el conocimiento...».

Una noche larga y oscura

Si para el agente Brad Busby la noche estaba tocando a su fin, para Bill Ramsey no había hecho más que empezar.

Dos agentes ayudaron a Brad a levantarse y se lo llevaron del aparcamiento. Poco después, un total de seis agentes intentaron reducir a Bill Ramsey e inmovilizarlo para que el médico forense pudiera inyectarle un sedante. Pero ni siquiera seis hombres fueron capaces de contenerlo.

El forense pidió ayuda a más agentes y llegaron otros seis desde la comisaría. Por entonces, los perros ladraban frenéticamente. Parecía como si estuvieran experimentando un dolor insufrible, y no dejaban de correr de un lado a otro de la perrera. Ningún agente los había visto nunca tan alterados.

A aquellas alturas, Bill Ramsey estaba rodeado por una docena de policías. Los gruñidos, el modo en que estaba agazapado y la disposición de sus manos, como si fueran zarpas, convencieron a los agentes de que estaban ante un hombre lobo.

Uno de los agentes que participó en la refriega comenta: «No, no tuve la más mínima duda de a qué nos enfrentábamos. Lo sabías con sólo mirarle. Más tarde, cuando todo hubo terminado, fuimos a tomarnos unas cervezas y yo fui el primero en sugerir que nos habíamos enfrentado a un hombre lobo. Lo más sorprendente es que algunos compañeros me dieron la razón de inmediato. Ningún hombre puede tener ese aspecto ni rugir como lo hizo Bill Ramsey aquella noche. Es imposible».

Según otro de los agentes presentes aquella noche: «Ni siquiera funcionó el sedante. Para mí eso fue lo más aterrador. Finalmente conseguimos reducir a Ramsey y el forense se lo inyectó… Pero no le hizo efecto. Nos quedamos estupefactos.

»En cuanto conseguimos meter a Ramsey en la comisaría, el médico forense nos dijo que tenía que volver a sedarlo. Te puedo asegurar que a ninguno de nosotros nos hizo ninguna gracia. Nunca había visto a nadie resistirse de aquel modo. Hirió a varios agentes. En cuanto te acercabas a él, empezaba a soltar zarpazos. Tenía las manos dobladas, como si fueran zarpas. Fue terrible, absolutamente terrible».

Después de la primera inyección, por fin lograron meter a Bill en una celda. Sin embargo, poco después, empezó a gruñir de nuevo y a intentar morder a los agentes, rugiendo sin parar como lo haría un lobo enjaulado. Era evidente que quería hacerles daño, quizá incluso matarlos. El único modo en que la policía pudo evitar que los mordiera fue presionándole la cara con gruesos almohadones. Gracias a esto fueron capaces de reducirlo nuevamente, y después el forense entró en la celda y le inyectó la segunda dosis de sedante.

El primer oficial comenta: «En cuanto el médico le inyectó el sedante, Ramsey sufrió otro ataque. Empezó a revolverse sobre el catre de la celda, intentando zafarse, mientras emitía unos sonidos roncos y guturales que inquietaron a todo aquel que los oía. Otros agentes llegaron corriendo desde el pasillo para comprobar qué animal podía estar haciendo semejantes ruidos. Cuando vieron que se trataba de un ser humano, se quedaron perplejos».

El segundo oficial añade: «Finalmente se quedó dormido, unos diez minutos después de que la segunda inyección le hiciera efecto. En realidad, el tipo me dio un poco de pena. Era evidente que le ocurría algo muy grave. Me pregunté cómo debía de sentirse. Aunque me provocaba bastante rechazo, también sentía curiosidad. Mucha curiosidad».

El propio Bill lo cuenta de este modo: «Hice todo lo posible por combatir los efectos del sedante. Incluso en el ardor del momento, sabía qué harían conmigo en cuanto estuviera inconsciente. Sabía dónde iba a despertar, y esta vez no dejarían que me marchara. Esta vez había hecho algo muy grave y no había vuelta atrás. En absoluto. Unas dos horas después desperté en el Hospital Psiquiátrico Runwell».

Una entrevista con el sargento Brad Busby

(La entrevista fue realizada en las afueras de Londres por Ed y Lorraine Warren. Existe una cinta de audio y otra de vídeo).

P: Después del incidente con Bill Ramsey te retiraste de la policía. ¿Podrías contarnos el motivo?

R: Por los daños que sufrí.

P: ¿Daños físicos?

R: No. Bueno, sí que sufrí heridas, pero no era la primera vez que me ocurría en el cumplimiento del deber. No, me refiero a daños psicológicos.

P: Entonces ¿el encuentro con Ramsey te provocó graves secuelas?

R: Exacto. Aún tengo pesadillas.

P: Tú eres un hombre fuerte y corpulento. En cambio, Bill Ramsey es pequeño…

R: Puedo asegurarte que aquella noche no lo era. O al menos su fuerza no lo era. Me han contado que, en un momento dado, llegó a contener a doce hombres. Así que, por muy pequeño que parezca físicamente, lo compensaba de sobra con su furia. Nunca he visto nada semejante.

P: ¿E intentó matarte?

R: Oh, sí, no tengo la más mínima duda. Lo supe sólo con mirarle a los ojos.

P: De modo que, después del incidente, te retiraste.

R: Sí, no podía seguir siendo agente de policía. Ramsey me arrebató algo esencial.

P: ¿Has vuelto a ver a Ramsey?

R: No.

P: ¿Qué pasaría si le vieras?

R: No estoy seguro, pero supongo que, incluso si su aspecto fuera normal, seguiría recordándome lo que ocurrió aquella noche. A pesar de todo, el tiempo que ha pasado, no estoy seguro de si podría volver a mirarle a los ojos.

P: ¿Estás disfrutando de la vida después de dejar la policía?

R: Oh, sí, totalmente.

P: ¿Y no te arrepientes de haberlo hecho?

R: No. Al menos no después de lo que me pasó. Aún recuerdo lo que sentí mientras intentaba arrebatarme la vida, cómo empecé a verlo todo negro y… (*Sacude la cabeza*). No, no me arrepiento de haberme ido. No quiero volver a pasar por algo así.

Un extraño en tierra extraña

A pesar de haber estado antes en el Hospital Psiquiátrico Runwell, Bill Ramsey no estaba preparado para lo que iba a ocurrir después de su último ataque.

El policía forense mantuvo su palabra. En esa ocasión, a Bill le aplicaron la Ley de Salud Mental, la cual establece que una persona puede ser retenida veintiocho días en un hospital psiquiátrico si lo determina un forense.

Bill lo descubrió a la mañana siguiente, poco después de despertar:

«Esta vez pude ver todas las instalaciones, no sólo una o dos habitaciones. De lo que no te advierten es del aspecto de los otros pacientes. Por la mañana me dijeron que me levantara y que fuera a la sala común, que no es más que eso, un lugar donde se sientan todos los pacientes.

»Fue una sacudida emocional. La mayoría de las personas ingresadas en hospitales psiquiátricos están bastante locas y, por tanto, se les administran muchos sedantes. Se pasan casi todo el día sentadas con la vista perdida, como zombis. Estuve sentado en la sala común durante un buen rato, tratando de entablar conversación con alguien o establecer algún tipo de contacto humano. Sin embargo, las personas que había allí no parecían demasiado interesadas; algunas estaban comiendo, otras fumaban, otras leían y otras simplemente miraban la pared fijamente.

»Me sentí muy deprimido, e incluso llegué a pensar que aquél podía ser el final de mi vida. Aunque me daba miedo pensar en lo que había ocurrido la noche anterior, no podía dejar de darle vueltas en la cabeza. La enfermera se pasó por la sala común unas cuantas veces. Le pregunté si podía volver a mi habitación, pero ella me dijo que no, que durante la mañana los pacientes debían estar en la sala común. Durante los primeros días, añadió, los nuevos pacientes están bajo observación y no se les permite salir de la sala sin un acompañante.

»Mientras estaba allí sentado, observando a los demás pacientes, percibí la tristeza de las personas con algún tipo de problema mental. Como están sedadas, solemos pensar que no sienten nada, pero eso no es cierto.

Algunos pacientes siguen sufriendo, independientemente de si están medicados o si reciben algún tipo de tratamiento. Algunos de ellos me dieron mucha lástima, y esa experiencia me enseñó muchísima humildad. Aunque yo no estaba loco, aquello me sirvió para entender mejor su situación porque, en cierto modo, estaba pasando por una experiencia similar.

»Nadie era capaz de encontrar una explicación a mis ataques, y yo tampoco podía. Por un lado, era un hombre hecho y derecho, racional y maduro y, por el otro, a veces estaba convencido de poder transformarme en un lobo. ¿Es posible que yo también estuviera loco y no me diera cuenta?

»Abby llegó sobre las nueve y media de la mañana. Nunca me había alegrado tanto de verla. Nos alejamos un poco de los demás y nos pusimos a hablar en un rincón de la sala. Me dijo que tanto ella como los niños me querían y que la familia siempre se mantendría unida. Sus palabras me hicieron tan feliz que temí ponerme a llorar delante de los otros pacientes, algo que evidentemente no quería que sucediera. Le conté todo lo que recordaba de la noche anterior y ella me contó el contenido de las conversaciones que había mantenido con la policía y con las autoridades de Runwell.

»—Quiero irme a casa –le dije.

»—Lo sé –contestó Abby–. Pero…

»Y entonces comprendí que ella también creía que lo mejor era que me quedara en Runwell.

»No se lo tuve en cuenta. Nuestra vida familiar no había sido la misma desde que, algunos años atrás, había sufrido el primer ataque. No me cabía ninguna duda de que, en aquellos momentos, lo que Abby más deseaba era descubrir la causa que provocaba los ataques. Y que éstos dejaran de producirse de una vez por todas.

»Era consciente de que no podíamos seguir de aquel modo. Sabía que si no descubría lo que me pasaba durante los ataques, cualquier día podía hacerle mucho daño, o incluso matar, a una persona inocente.

»De modo que aquel día, sentados en una esquina de la sala común, le dije a Abby que era una buena noticia que estuviera allí y que esperaba que los médicos descubrieran pronto la causa de todos mis problemas. Mientras Abby estuvo conmigo, sentí mucha valentía; no obstante, en cuanto se marchó, volvió a dominarme el miedo y la depresión».

◆ ◆ ◆

Diez días después, Bill salía de Runwell mucho más pesimista acerca de su futuro de lo que lo había sido antes. Pese a los escáneres cerebrales y las radiografías, las horas de terapia y el tratamiento personalizado, los médicos fueron incapaces de encontrar la causa de su dolencia. Un psiquiatra atribuyó los ataques al consumo de alcohol, insinuando que, de hecho, Bill era probablemente alcohólico, pero el diagnóstico pasaba por alto que la mayoría de los ataques se habían producido cuando Bill estaba sobrio.

Bill no compartió con nadie, y mucho menos con Abby, lo que solía pensar durante aquella época. Tenía la sensación de que, si no cesaban los ataques, algún día terminaría suicidándose. Es muy posible que fueran los pensamientos de una persona desesperada, pero no es menos cierto que eran los únicos pensamientos que le permitían seguir viéndose a sí mismo con dignidad. Bill tomó la siguiente decisión: si los ataques empeoraban, se quitaría la vida. Nunca había sentido semejante desesperanza. Ni siquiera encontraba consuelo en las oraciones.

TERCERA PARTE

Una aparición fugaz en la televisión

La primera vez que Ed y Lorraine Warren oyeron hablar de Bill Ramsey fue en la *suite* del hotel de Londres, justo antes de acudir a una cena de compromiso.

Los años anteriores habían sido especialmente buenos para el matrimonio Warren. No sólo se habían convertido en autores –recientemente habían publicado dos libros–, sino que también habían aparecido en programas televisivos como el de Oprah Winfrey, Larry King y *Today*. Cada vez más gente los consideraba como los principales cazadores de fantasmas del país, personas serias dedicadas a una misión seria.

Lorraine recuerda así aquel día: «Ed estaba en el cuarto de baño, afeitándose, y yo en la salita común, poniéndome los pendientes. Teníamos puesta la tele y estaban dando *Incredible Sunday*. No estaba prestando mucha atención, pero entonces el presentador dijo que la siguiente historia era "muy extraña" o algo parecido».

Según cuenta **Ed:** «Estaba terminando de afeitarme cuando oí que Lorraine me decía algo relacionado con la televisión. Parecía muy emocionada. Salí del cuarto de baño para descubrir de qué se trataba».

«La cara de Bill Ramsey apareció en la pantalla y, al cabo de uno o dos segundos, el presentador se preguntó si aquélla era la cara de un hombre lobo –continúa Lorraine–. Desde el incidente en la comisaría de policía, Bill había tenido otros ataques durante el año y medio siguiente, entre ellos, un incidente en el cual llegó a ponerse a cuatro patas y contener a unos veinte agentes de policías.

»Supe de inmediato cuál era su problema: una posesión demoníaca. Aunque era evidente que el pobre Bill Ramsey aún no lo sabía».

Ed continúa: «Los dos éramos escépticos, por supuesto. Siempre lo somos. En todo el mundo hay gente que hace afirmaciones simplemente porque quiere publicidad. Hay que ser muy cauto con este tipo de cosas».

Lorraine comparte la opinión de su marido: «De hecho, cuanto más pensaba en la historia, menos interés me despertaba. Parecía artificial y melodramática; estaba convencida de que, si la analizábamos en detalle, descubriríamos que era falsa».

«Además —continúa Ed—, teníamos muchas otras cosas de las que preocuparnos. Una de las razones por las que habíamos viajado a Inglaterra era investigar algunos fenómenos extraños que se estaban produciendo en los páramos. En aquella región, hay mucha gente que asegura haber visto y oído apariciones durante la noche, cuando la niebla lo cubre todo. Lo cierto es que una de estas historias se había vuelto tan persistente que decidimos investigarla sobre el terreno.

Nuestros amigos Christina y Andy DeMarco nos acompañaron desde EE. UU. para colaborar en la investigación. Andy es médico y nos ha ayudado en numerosos casos. Tanto sus conocimientos como su escepticismo son igualmente valiosos. Aunque no suele creer en la mayoría de los fenómenos con los que trabajamos, la historia de los páramos le fascinaba».

Lorraine explica: «Pero antes de ir a los páramos aquella noche, queríamos hacer un poco de turismo. Londres es una de nuestras ciudades favoritas y, aunque vamos a menudo, siempre volvemos a casa sin haber visitado algo que habíamos planeado visitar».

La investigación en los páramos resultó especialmente aterradora. Durante las semanas siguientes, los Warren y los DeMarco pasaron muchas noches en los páramos que *sir* Arthur Conan Doyle hizo famosos en *El sabueso de los Baskerville*. Paulatinamente, fueron acumulando evidencias que venían a demostrar que, efectivamente, en los páramos se estaban produciendo fenómenos paranormales, por lo que ampliaron la investigación requiriendo la presencia en el lugar de sus amigos ingleses.

Mientras investigaban en los páramos, Lorraine no dejó de darle vueltas a la historia del hombre lobo. Pese a que inicialmente la había descartado por considerarla altamente improbable, no podía quitarse de la cabeza la triste y asustada imagen del hombre que había sufrido los terribles ataques. Quería ayudarle, contarle cuál era su auténtico problema. Había hablado con Ed del tema, y éste estuvo de acuerdo con ella en que era evidente que el hombre estaba poseído, pero, al parecer, lo desconocía. Siempre y cuando estuviera diciendo la verdad, por supuesto.

Un día durante el viaje en Inglaterra, Lorraine se excusó mientras almorzaban en un bonito restaurante londinense e hizo una llamada a la comisaría de policía de Southend-on-Sea para obtener más información sobre Bill Ramsey. Según el programa televisivo *Incredible Sunday*, aquella comisaría había estado involucrada en varios de los ataques del hombre lobo. A los Warren les quedaban aún varias semanas en Inglaterra y Lorraine quería investigar la historia con mayor profundidad.

Lorraine no quería contarles sus planes a Ed y los DeMarco porque temía que éstos pensaran que se estaba involucrando en un fraude. Aquella tarde habló con el detective Kevin Berry.

«Ed aún no sabía lo que estaba haciendo. Hablé con el detective Berry desde una cabina telefónica. Como puedes imaginar, tenía un montón de preguntas que hacerle, aunque esperaba que en cualquier momento se pusiera a reír. La mayoría de la gente reacciona de ese modo ante este tipo de acontecimientos. Los descartan con unas cuantas risas porque hablar seriamente de ellos los asusta e incomoda a partes iguales.

»Sin embargo, el detective Berry se tomaba muy en serio todo lo relacionado con el incidente. O, mejor dicho, los incidentes, en plural, porque desde la noche en que Bill Ramsey había llevado a la prostituta a la comisaría de policía, se habían producido al menos otros dos incidentes que resultaron ser incluso más horribles que los anteriores.

»El detective Berry me contó todo lo que había ocurrido. No le hacía ninguna gracia que tantos agentes de policía hubieran resultado heridos como consecuencia de los diversos incidentes. Me dijo que había visto a Bill Ramsey y que había hablado con él. También me dijo que, en su opinión, todo aquel asunto parecía ser de origen diabólico.

»Aunque no quiso definirlo con precisión, admitió que muchos agentes estaban seguros de que Bill Ramsey se había transformado en un animal, sobre todo los agentes que habían resultado heridos.

»Mientras le escuchaba, me di cuenta de que probablemente aquélla no era una historia falsa, aunque nunca puedes estar absolutamente seguro hasta que no consigues más pruebas. Algunas personas son muy buenos actores.

»Le pregunté al detective Berry si podía conocer a Bill Ramsey en persona. Le expliqué quién era, cuáles eran nuestras intenciones y qué esperábamos conseguir. Al principio se mostró algo reacio, lo que me pareció del todo comprensible. Si nosotros no sabíamos mucho de Bill Ramsey en aquel momento, el detective Berry tampoco sabía mucho de nosotros. Le dije que iríamos a la comisaría para conocernos en persona y que, de ese modo, quizá conseguiríamos despejar sus dudas».

Ed continúa explicando su versión de la historia: «Seguíamos almorzando cuando Lorraine volvió a la mesa. Sólo con mirarla, comprendí que pasaba algo. A veces se emociona mucho y le cuesta disimularlo.

»Volvió a sentarse a la mesa conmigo y nuestros amigos, los DeMarco, y fingió que no pasaba nada. Sin embargo, no pudo guardar el secreto mucho tiempo. Nos contó que había estado indagando un poco en el programa de *Incredible Sunday* del domingo y que tenía el contacto de un policía que podía presentarnos a Bill Ramsey. Los DeMarco estaban tan emocionados como ella. Se habían quedado impresionados cuando les hablamos del programa de televisión que habíamos visto. Yo aún era escéptico. Era muy fácil simular los ataques que Bill Ramsey afirmaba que estaba sufriendo.

»A pesar de todo, el entusiasmo de Lorraine nos llevó a marcharnos del restaurante y dirigirnos directamente a la comisaría de policía de Southend-on-Sea, donde conocimos al detective Berry.

La comisaría era un edificio moderno lleno de numeroso material policial de alta tecnología. Los detectives llevaban corbata y chaquetas deportivas y se comportaban con una competencia cuasi militar. Acompañaron al grupo de Lorraine a una pequeña sala, donde esperaron al detective Berry. Cuando éste llegó, estrechó la mano de todos los integrantes del grupo, se sentó y se dispuso a escuchar.

Lorraine quedó impresionada con el detective.

«No dio ninguna opinión ni nos interrumpió. Nos dejó hablar por turnos. Volvimos a contarle por qué queríamos conocer a Bill Ramsey y qué creíamos que le ocurría. En realidad, el detective nos estaba dejando hablar para poder analizarnos. Si decíamos alguna tontería o algo que sonara poco sincero, podría agarrarse a eso; si llegaba a la conclusión de que éramos personas serias, nos ayudaría».

Al final, después de una media hora de entrevista, el detective Berry decidió ayudarlos.

—Pero deben saber que es posible que Bill no quiera hablar con ustedes.

Todos dijeron que se hacían cargo.

—La familia lo ha pasado muy mal, especialmente los últimos nueve meses, y la prensa los ha estado acosando. Es posible que Bill esté cansado de la situación.

Volvieron a asegurarle que lo entendían.

—Si se niega, no pienso insistir.

—Lo sé –dijo Lorraine–. Nos limitaremos a regresar a Estados Unidos y le dejaremos en paz.

El detective se quedó mirando un teléfono que había cerca de allí, se levantó para coger una guía telefónica, buscó el número de Bill y lo marcó. Para entonces, todo el grupo contenía la respiración. Querían conocer a Bill Ramsey y oír su historia de primera mano.

Pero ¿y si no quería hablar con ellos? ¿Y si le decía al detective Berry que deseaba que le dejaran en paz?

Entrevista a Abby Ramsey

P: ¿Qué pensaste cuando te enteraste de que los Warren querían conoceros?

R: Supuse que tenían algo que ver con la prensa. Especialmente los periódicos habían sido implacables. Cuando Bill aún estaba en el Hospital Runwell, el *Sun* publicó un titular que decía «Hombre lobo capturado en Southend». Aunque no mencionaba a Bill por su nombre, hizo que los otros pacientes del hospital le identificaran.

P: Cuando dices que la prensa fue implacable, ¿a qué te refieres exactamente?

R: Pues eso. Cuando me negué a hablar con ellos, ya que no podían entrar en el hospital para entrevistar a Bill, empezaron a llamar a mis hermanos. Incluso llegaron a seguir a mi hermana cuando se fue de vacaciones a Devon.

P: ¿Cómo hiciste frente a la situación?

R: La policía nos ayudó, a mí y a los niños, a mudarnos a casa de mi madre, en Westcliff. Por desgracia, mi cuñada le dijo algo a un periodista por teléfono y el hombre nos localizó.

P: Según me han contado, algunos periodistas te ofrecieron mucho dinero por una entrevista.

R: Sí, es verdad. *(Se ríe)*. Era como si cuanto más rechazara las entrevistas, más generosas fueran sus ofertas. Pero yo no quería hablar. En absoluto. Muy poca gente se daba cuenta del impacto que tenía todo esto en nuestros hijos.

P: ¿Qué pasó entonces?

R: Bueno, la prensa no se rindió de un día para otro. Cuando volvimos a casa, empezaron a vigilarnos. Cada vez que salíamos de casa, nos hacían una foto o nos presionaban para que habláramos. A veces resultaba frustrante; otras, sencillamente aterrador. Empiezas a creer que el resto de tu vida va a ser así, siempre huyendo de los periodistas. Es bien sabido que la mayoría de la gente se pone furiosa cuando un reportero de la televisión le pone un micrófono en las narices a alguien y le pregunta: «¿Cómo te sientes después de que tu hijo fuera atropellado?». Pensamos que un periodista no puede hacer nada más insensible que eso. Pues yo he descubierto que es igualmente insensible intentar sacar a la luz secretos familiares. Hay unos cuantos periodistas que son muy amables, pero a la inmensa mayoría no les importan tus sentimientos ni los sentimientos de tus hijos. Sólo les interesa la historia; y en cuanto la tienen, la distorsionan tanto que al final tampoco puedes reconocerla. «Hombre lobo capturado en Southend» es el ejemplo perfecto de ello. Es un titular muy engañoso, como sacado de una película de terror, ¿no te parece?

P: ¿Cómo te libraste de la prensa?

R: Con el tiempo, simplemente perdieron interés en la historia. Es algo bastante normal. No hicieron ningún tipo de seguimiento para ver cómo se encontraba Bill ni nada de eso. Sólo les interesaban los aspectos sensacionalistas.

P: Pero ¿no concediste una vez una entrevista?

R: No, yo no. Fue Bill. Estaba tan molesto por cómo se había comportado la prensa con nosotros que un día llamó al *Sun.* Les dijo quién era y que si prometían dejar en paz a su familia, les concedería una entrevista. Les contó todo lo que sabía, que en realidad era muy poco en aquel momento.

P: ¿Sirvió de algo?

R: Sí. El *Sun* se comportó mucho mejor con nosotros después de eso, mucho más respetuoso.

P: Pero, por entonces, no estaba claro que los ataques de Bill pudieran controlarse con fármacos, ¿verdad?

R: No. De hecho, los médicos fueron muy claros. Nos dijeron que desconocían la causa de los ataques y que no sabían cómo proceder con Bill.

P: Entonces recibisteis la llamada de los Warren.

R: Sí, nos llamaron los Warren. Bueno, en realidad quien llamó fue el detective Kevin Berry. Nos dijo que creía que los Warren eran personas en las que se podía confiar y Bill aceptó reunirse con ellos.

P: ¿Tú tenías alguna duda?

R: No por los Warren en concreto, sino más bien por la situación en general. Creo que es comprensible, habíamos recibido mucha presión durante mucho tiempo. Al cabo de un tiempo, ya no sabes qué pensar ni a quién o qué creer. Lo único que sabía era que a mi marido le ocurría algo muy grave y que necesitábamos ayuda desesperadamente.

P: ¿Acompañaste a Bill al restaurante para conocer a los Warren?

R: Sí, por supuesto. Si terminaba siendo una experiencia desagradable, no quería que se enfrentara a ella solo.

P: ¿Y la reunión fue bien?

R: Sí, muy bien.

El primer encuentro

Pasaron tres días. Abby y Bill Ramsey llegaron puntuales y los acompañaron hasta el fondo del restaurante, donde les esperaban los Warren y los DeMarco. Después de las debidas presentaciones, algo inseguras, y de pedir café recién hecho para todo el mundo, Lorraine le pidió a Bill que les explicara la trágica experiencia que había vivido los últimos años.

Más tarde, el doctor DeMarco comentaría: «No sé muy bien cuáles eran exactamente nuestras expectativas, pero nos encontramos ante un hombre sincero y discreto que parecía estar contando la verdad».

Christina DeMarco comparte esta opinión: «En lugar de exagerar la historia para darle un mayor dramatismo, los Ramsey se dedicaron a restarle importancia a todo, como si tuvieran miedo de contarnos toda la verdad. Creo que su intención era que no nos asustáramos demasiado».

Lorraine lo recuerda así: «Pese a conocer casi todos los detalles que Bill nos contó, me quedé fascinada escuchando la odisea que había vivido aquel pobre hombre. Demostró que era una persona muy valiente, y Abby también. El tío de ésta, con quien siempre había estado muy unida, acababa de morir, pero ella había decidido acompañar a Bill de todos modos. Son gente muy agradable».

Ed prestó especial atención a lo que Bill estaba contando. En un momento dado, le interrumpió para hacerle una pregunta:

—¿Recuerdas la primera vez que notaste que ibas a tener un ataque?

—Supongo que fue cuando tenía unos veintitantos.

—¿Y antes no?

—No que yo recuerde.

Abby se inclinó hacia delante y le dijo:

—Cuéntale lo que te pasó de niño. Cuando arrancaste el poste de la valla del suelo.

—Ah, sí –dijo Bill–. Lo había olvidado.

A continuación, pasó a relatarles a todos lo que le había sucedido de niño mientras jugaba en el patio trasero una tarde durante su niñez. Aquel día había notado una presencia helada recorriéndole todo el cuerpo e instalándose en su interior. Aunque no siempre tenía frío, Bill tenía la sensación de que aquella frialdad, fuera ésta lo que fuera, se había quedado dentro de él. Sólo era consciente de su presencia muy de tanto en tanto, y siempre durante los ataques.

Según dice el propio Bill: «Cuando les expliqué esto, recuerdo perfectamente que Ed me miraba con una expresión extraña, como si hubiera dicho algo muy importante para él, aunque en aquel momento yo no tenía ni idea de lo que podía ser».

Lorraine coincide con Bill: «Sabía adónde quería llegar Ed. Yo también estaba pensando lo mismo. Sin embargo, en aquel momento no interrumpimos a Bill, sino que le dejamos continuar para que pudiera hablarnos también de los otros ataques».

Cuando Bill terminó de hablar, Ed dijo:

—Creo que ya sé lo que provoca los ataques.

—¿En serio? –dijo Bill.

—Creo que te ha poseído el espíritu de un lobo.

En la actualidad, Bill comenta: «No sabía si hablaba en serio o no. Por mucho que me gustaran los Warren y los DeMarco, siempre cabía la posibilidad de que estuvieran chiflados. Miré a Abby y me di cuenta de que ella estaba pensando lo mismo. No obstante, preferí mantener las formas y seguir escuchando».

Ed continuó: «En realidad, no se trata de un problema médico, sino de uno espiritual. Y sólo hay una solución para tu problema: el espíritu del lobo tiene que ser exorcizado».

Bill comenta: «Tras oír eso, puse seriamente en duda su cordura. Para mí, un exorcismo era algo salido de una novela barata. Nadie en su sano juicio proponía llevar a cabo un exorcismo para curar una dolencia».

Sin embargo, Ed insistió:

—Me gustaría que nos acompañaras a EE.UU. para conocer a nuestro amigo, el obispo McKenna.

Bill les explicó que su hija iba a casarse próximamente y que no podían permitirse el gasto que representaba viajar a América.

—No te preocupes por los gastos. Nosotros nos ocuparemos de todo. Estaremos en Inglaterra dos semanas más. ¿Por qué no te lo piensas?

En palabras del propio **Ed:** «Me di cuenta de que tenía delante de mí a un hombre que estaba pasando por un calvario, pero que aún no había decidido qué hacer. Era obvio que la idea del exorcismo le provocaba muchas dudas. Sin embargo, también sabía que tenía que hacer algo drástico porque todo su mundo se estaba desmoronando».

Lorraine añade: «La gente está muy influenciada por las películas de terror malas. Creen que todas las personas involucradas en fenómenos paranormales son siniestras, cuando en la mayoría de los casos eso no es así».

Los siguientes días, Bill le dio muchas vueltas a la propuesta del matrimonio Warren. Abby se mostraba totalmente de acuerdo en viajar a Estados Unidos, pues estaba convencida de que los Warren podían ayudarle a resolver su terrible problema. Bill también habló con algunos amigos. La mayoría de ellos se mostraron de acuerdo con su mujer y le instaron a realizar el viaje, el cual parecía su última y única esperanza.

El empujón final fue la presencia de un reportero que hizo varias fotografías del hogar familiar desde el otro lado de la calle.

Bill comenta: «Los periódicos cogen material antiguo, lo reescriben y lo presentan como si fuera nuevo. Aunque recientemente no había sufrido ningún ataque, sabía que muy pronto mi historia volvería a aparecer en los periódicos. Reescribirían el material antiguo y lo presentarían como si se hubiera producido un nuevo altercado. No quería seguir estando a la merced de la prensa. Quería solucionar mis problemas».

Según Abby: «Los Warren nos llamaron para preguntarnos si queríamos cenar con ellos y un grupo de personas en el asador Anne Boleyn. Aceptamos sin pensarlo».

Ed y Lorraine dedicaron los días siguientes a revisar la investigación de los páramos. También pasaron muchas horas hablando sobre la situación en la que se encontraba Bill. Estaban convencidos de que los ataques estaban provocados por la posesión, y de que esta había comenzado hacía mucho tiempo, concretamente cuando Bill notó por primera vez una presencia sobrenatural moviéndose a través de su cuerpo. Un demonio se había instalado en él.

«Hasta aquel momento, Bill había tenido mucha suerte –dice Ed–. Aún no había matado a nadie. Las cárceles y hospitales psiquiátricos están llenos de personas que, inexplicablemente, un día salen de su casa y asesinan a alguien. No pueden explicar por qué lo hicieron; algunos de ellos ni siquiera recuerdan haberlo hecho. En muchos casos, esto significa que un demonio se ha apoderado no sólo de su alma sino también de su cuerpo, de modo que la persona en cuestión se convierte en un instrumento de los demonios. Esto es exactamente lo que le estaba pasando a Bill, y queríamos ayudarle a combatirlo».

Lorraine añade: «No podía dejar de pensar en un caso en el que habíamos trabajado unos años antes en el que un joven normal y corriente había matado a su novia golpeándola con un martillo. Aquel chico tenía muchos paralelismos con Bill: alguien agradable, normal y responsable, una persona que le cae bien a todo el mundo hasta que empieza a sufrir unos arrebatos ocasionales de mal genio. Nadie le da demasiada importancia a los arrebatos hasta que una noche, sin previo aviso ni motivo aparente, el chico coge un martillo y golpea a su novia hasta matarla. Fue un caso realmente trágico. Por eso queríamos ayudar a Bill antes de que sucediera algo parecido».

LONDRES EN LA NIEBLA

Durante su estancia en Londres, Ed y Lorraine Warren trabajaron en varios casos y aparecieron en diversos programas de entrevistas de la radio y la televisión.

El matrimonio descubrió que su popularidad había aumentado desde la última vez que habían visitado el país unos años antes y que mucha de la gente que había leído sus libros empezaba a tomarse muy en serio la actividad paranormal.

Lorraine: «Teníamos la sensación de que, cuanta más gente creyera en nuestro trabajo, más fácil nos resultaría que otras personas entendieran que las fuerzas demoníacas están actuando en nuestra vida todos los días y en todos sus aspectos».

Ed: «Además, nos lo pasamos muy bien en Londres. Tanto la ciudad como sus gentes siempre nos habían tratado muy bien, y en este viaje las cosas no fueron distintas».

Mientras tanto, Bill y Abby Ramsey intentaban tomar una decisión definitiva sobre el viaje que Bill debía realizar a EE. UU. Los amigos a los que se lo contó le animaron a hacerlo. Estaban preocupados por él y por las consecuencias a largo plazo que los ataques podían provocarle.

En el Hospital Psiquiátrico Runwell, muchos pacientes seguían hablando de Bill Ramsey.

Las personas con trastornos mentales suelen tener una gran sensibilidad respecto al sufrimiento ajeno.

Y así es como muchos de ellos veían a Bill Ramsey: como una persona que no podía evitar el sufrimiento o, mejor dicho, como alguien que vivía bajo el influjo de una maldición.

—Pero ¿y si al final no sirve de nada? —solía decirle Bill a Abby durante aquellas semanas.

—Pues al menos lo habrás intentado.

—Pero no quiero hacerme ilusiones. Ni que tú te las hagas.

—Si no funciona, al menos habrás tenido la oportunidad de viajar a América.

—Supongo que tienes razón.

—¿Tienes miedo, Bill?

—Sí.

—¿De qué?

—De cruzar el océano y descubrir que el exorcismo no funciona.

—A otros les ha funcionado.

—Eso no significa que vaya a funcionar conmigo.

—Te lo mereces, Bill.

—¿De verdad crees eso?

—Completamente.

◆ ◆ ◆

En algunas de las conferencias que dieron, tanto la prensa como el público en general preguntaron a Ed y Lorraine sobre Bill Ramsey y el caso del «hombre lobo». Ellos se negaron a hacer ningún comentario al respecto, pues tenían la sensación de que Bill no necesitaba más atención sobre su persona de la que ya tenía.

Mientras tanto, en Runwell, un paciente se pasaba todas las noches frente la ventana enrejada de su habitación contemplando la luna. Al cabo de unos días, volvería a haber luna llena. Y, entonces, esperaba ver a Bill Ramsey en forma de lobo, corriendo por la cresta de la colina.

Había hablado con Ramsey varias veces cuando éste estuvo ingresado por última vez. Aunque Ramsey no había dicho gran cosa, tan sólo algunas palabras cordiales a modo de saludo, el hombre conocía su secreto. Vaya si lo conocía; lo había leído en el periódico. Y también lo había percibido cuando se acercó a Bill en la sala común. Ramsey tenía la capacidad de transformarse en lobo.

El hombre se quedó mirando el cielo. Una de aquellas noches habría luna llena y por la cresta de la colina…

◆ ◆ ◆

—¿Bill?

—¿Sí?

—He hablado con los chicos.

—¿De qué?

—Ya sabes.

—¿De América?

—Sí.

—¿Y?

—Creen que deberías ir.

—¿Y tú también?

—Ya sabes que sí, Bill.

—Es que no quiero que salga mal.

—Sólo hay una forma de descubrir si funciona.

—Me gustaría que me acompañaras.

—Estarás bien.

—Te quiero, Abby. No sé cómo puedes seguir conmigo después de todo lo que ha pasado.

Bill la rodeó con sus brazos y la abrazó durante mucho rato. Tenía los ojos llenos de lágrimas. A veces, cuando pensaba en lo buena persona que era Abby, la emoción le sobrepasaba. No podía evitarlo.

—Gracias, Abby. Gracias.

Buenos amigos

Se organizó una fiesta en honor de Bill y Abby. De entre todos los presentes, el matrimonio Ramsey reconoció de inmediato a Ed y Lorraine Warren, los DeMarco, el detective Kevin Berry y la mujer de éste. En total, había trece personas, un número que algunos aprovecharon para hacer más de una broma durante la velada.

Los Ramsey disfrutaron de la fiesta como no lo hacían desde hacía mucho tiempo. El detective Berry demostró su sentido del humor al presentar a Ed y Lorraine con un casco de *bobby*. Varias personas se hicieron una foto con él.

En cierto momento de la velada, Ed llevó a Bill a un lugar tranquilo para poder hablar.

—¿Has pensado en nuestra propuesta de acompañarnos a Estados Unidos?

—Últimamente no he podido pensar en otra cosa, Ed.

—¿Y has tomado una decisión?

—Sí, me gustaría ir con vosotros.

Ed sonrió y le dio una palmadita en la espalda.

—Bill, estoy convencido de que podemos ayudarte. En cuanto conozcas al obispo McKenna, te sentirás mucho mejor. Estoy seguro.

—¿Y si no funciona?

Ed sonrió y se dio unos golpecitos en la cabeza con el dedo.

—Pensamiento positivo, amigo mío. Eso y la fe religiosa son la mejor receta para solucionar tus problemas.

Más tarde, Ed y Lorraine tuvieron que ir a Londres. Un caso en el que estaban trabajando había dado un giro repentino y no precisamente para mejor. Unos años atrás, los Warren habían trabajado en un caso en el que una atractiva adolescente había atraído, sin pretenderlo, a las fuerzas demoníacas tras comprar un tablero *ouija* y utilizarlo asiduamente. La chica, que pasó por una fase de abandono tan severa que apenas pronunció palabra durante meses, terminó ingresada en un hospital psiquiátrico (más detalles del caso en *Cazadores de fantasmas)*.

Durante el viaje a Londres, los Warren conocieron a otro adolescente en una situación similar. Y la noche de la fiesta su estado empeoró. Los padres del chico, muy nerviosos, intentaron ponerse en contacto con los Warren por todos los medios. Finalmente lo consiguieron.

Y los Warren acudieron en su ayuda.

Cuando regresaron a la fiesta, agotados tras enfrentarse a las fuerzas demoníacas presentes en la habitación del chico, ésta se encontraba ya en su fase final. Los Warren se disculparon por haber tenido que marcharse, pero la gente se olvidó rápidamente en cuanto Ed y Lorraine volvieron a circular entre los invitados. Como de costumbre, habían hecho muy buenos amigos en Inglaterra, por lo que aquella última noche tenía un sabor agridulce. Se estaban despidiendo de todo el mundo.

—Te llamaré dentro de unas semanas –le dijo Ed a Bill cuando la fiesta tocaba a su fin–. ¿Por qué pones esa cara? ¿No me crees? –añadió con una sonrisa.

Bill le devolvió la sonrisa.

—Quiero creerte.

—Primero debo hacer algunas gestiones, para tenerlo todo listo. Mientras tanto, intenta mantener la situación bajo control.

—Lo intentaré.

Abby se acercó a los dos hombres y, poco después, también lo hizo Lorraine. Hablaron de Estados Unidos y de las expectativas de Bill sobre el viaje.

—Siempre ha querido ir –dijo Abby–. A América, quiero decir.

Lorraine sonrió.

—Nos encargaremos de que disfrute. Y también de que funcione el exorcismo.

Abby tenía muchas preguntas sobre el tema de los exorcismos: en qué consisten, cuánto tiempo duran, cómo es el ritual y qué pasa después. Lorraine le había traído un ejemplar firmado de *La casa encantada,* la detallada historia de una familia que convivió durante años con una infestación demoníaca y de cómo lograron erradicarla mediante el ritual del exorcismo. *La casa encantada* es uno de los casos más largos e intensos en los que ha trabajado el matrimonio Warren.

Abby aceptó agradecida el libro.

A continuación, los cuatro brindaron para que todo saliera según lo previsto y los Ramsey se marcharon.

Pasaron unos cuantos días.

Bill lo recuerda así: «Debo reconocer que no creía que volviéramos a saber de ellos. No es que pensara que me habían engañado, pero supuse que les surgirían otras prioridades y que se verían obligados a dejarme de lado. Como no dormía muy bien, durante esas semanas me sentía muy cansado. Solía levantarme a media noche y me sentaba delante de la ventana a contemplar el cielo.

»Durante ese tiempo, intenté encontrarle un nuevo sentido a mi vida. Como no tenía la sensación de que fuera a sobrevenirme un nuevo ataque, pude pensar con bastante claridad. Cuantas más vueltas le daba a mi situación, más irreal me parecía. Ya sabes, ¿realmente me estaba pasando todo aquello? No terminaba de parecerme completamente real. Un hombre que se transforma en lobo, ¿de dónde había sacado una idea tan estúpida como aquella?

»Había cometido el error de contarles a mis compañeros de trabajo el posible viaje. Aunque todo el mundo fue muy amable conmigo, durante los días posteriores a la partida de los Warren, no dejaron de preguntarme al respecto. Y yo sólo tenía una respuesta: Ed me dijo que primero debía hacer unas gestiones y que después me llamaría. Creo que empezaron a pensar que les iba con el cuento. Ya sabes, que me lo estaba inventando todo.

»Traté de seguir con mi vida con la mayor normalidad posible.

»Abby y yo salimos varias veces durante estas semanas y nos lo pasamos muy bien. Soy muy afortunado de estar casado con una mujer que cada día que pasa se vuelve más hermosa y más cariñosa. Cada cierto tiempo, vuelvo a enamorarme de ella.

»Sin lugar a dudas, éste fue uno de esos períodos. Incluso llegamos a bromear sobre el hecho de que, siempre que pasaba por delante del teléfono, me lo quedaba mirando, como si pudiera conseguir que sonara mediante la fuerza de *voluntad*. Cada vez que sonaba, pensaba: "Por fin me llama. Me voy a América". Pero nunca era él. Nunca.

»Hacia el final de la segunda semana, me di por vencido. Llegué a la conclusión de que Ed no iba a llamarme y que, al estar tan pendiente de la posible llamada, estaba perdiendo un tiempo muy valioso. La primavera estaba en su apogeo y tendría que estar disfrutando de ella.

»Entonces, una noche, mientras estaba contemplando nuestro pequeño jardín, sonó el teléfono. Poco después, Abby abrió la ventana y dijo:

»—Es Ed Warren. Te llama desde Estados Unidos.

»Corrí para atender la llamada».

♦ ♦ ♦

Y ahora…

Es una noche de luna llena y el acónito está en flor. En las sombras, donde momentos antes había una figura humana, se oye ahora un tenue aullido animal y una espantosa forma gris se interna en la noche. Un hambre voraz remueve el vientre de la bestia; el olor de la sangre llena sus fosas nasales.

El festín está a punto de comenzar.

—Bill Pronzini
El hombre lobo

Extracto del diario
de William David Ramsey

Aquella noche hablé largo y tendido por teléfono con Ed y Lorraine Warren para planear en detalle mi viaje a América.

Me sentía como un niño con zapatos nuevos. No me lo podía creer. Desde muy pequeño había leído sobre América, pero nunca había soñado con poder verla con mis propios ojos. Y ahora estaba haciendo todo tipo de planes para el viaje. Ojalá pudiera describir el largo y agradable paseo que Abby y yo dimos después de la conversación telefónica con los Warren. En las plácidas noches de primavera, Inglaterra se convierte en una fantasía de estrellas, cautivadores aromas y el lejano rumor de las olas en la orilla del mar. Caminamos durante horas. Volvíamos a sentirnos jóvenes, sanos y optimistas, y teníamos la sensación de que la larga y humillante pesadilla por fin estaba tocando a su fin.

Cuando nos acostamos, nos quedamos contemplando la luz de la luna a través de las vaporosas cortinas, disfrutando del aroma de las flores que crecen alrededor de la casa. Disfruté de la tranquilidad mental que me embargaba; hacía mucho tiempo que no observaba con optimismo lo que me deparaba el futuro. Hasta hacía poco me producía pánico, e incluso me había llegado a plantear la posibilidad de poner fin a mi vida de algún modo sombrío. Sin embargo, ahora, con la llegada de la primavera, había regresado la esperanza, y aquella noche me quedé dormido con la sensación de haber recuperado mi vida.

Viajaría a América y los Warren me presentarían al obispo McKenna. Volvería a ser un hombre normal, sano.

◆ ◆ ◆

El periódico sensacionalista *The People* correría con los gastos del viaje. Ed y Lorraine habían conseguido el acuerdo porque conocían a varias personas que trabajaban en el diario. En un primer momento, tanto Abby como yo nos mostramos reticentes ante la idea de involucrar a la prensa, especialmente a un periódico sensacionalista como *The People*. No se habían portado muy bien con nosotros e incluso habían seguido a miembros de nuestra familia durante semanas. Pero, finalmente, decidimos que, de todos modos, la prensa terminaría por descubrir la noticia tarde o temprano, de modo que, ¿por qué no utilizar su dinero para sufragar el viaje?

Además, el periodista con el que cenamos una noche a petición de los Warren, David Alford, resultó ser muy agradable y se ganó nuestra confianza. Él sería el encargado de escribir la historia. Parecía una persona íntegra, algo no demasiado habitual en el mundo periodístico. Por lo menos no parecía el tipo de reportero que nos había estado persiguiendo durante años.

◆ ◆ ◆

Un incidente malogró los días previos al viaje.

Nunca había sufrido un ataque en mi propia casa, pero, una noche que estaba sentado delante del televisor, sentí la familiar presencia helada recorriéndome el cuerpo y cómo mis manos comenzaban a doblarse para adoptar la forma de garras.

Llamé a Abby a gritos. En cuanto salió corriendo de la cocina, se dio cuenta de lo que estaba pasando.

Abby recorrió la distancia que nos separaba lo más rápido posible con la intención de abrazarme e intentar detener el ataque de algún modo, pero yo ya me había arrojado al suelo. Dusty, nuestro perro marrón y blanco, un cruce de Jack Russel Terrier, me observaba fijamente.

Dusty sabía que algo no iba bien y no dejaba de gruñir de miedo.

Pero también percibía que yo también tenía miedo y estaba sufriendo. Dada su bondadosa naturaleza, Dusty empezó a gemir compasivamente, se arrastró por el suelo y se pegó a mí en actitud protectora.

Le gruñí; no pude hacer nada por evitarlo.

Abby gritó e intentó evitar lo que estaba a punto de hacer. Pero ya era demasiado tarde. Golpeé a Dusty con tanta fuerza que salió despedido hasta la otra punta de la habitación, chocando con fuerza contra la pared.

Dusty empezó a lloriquear, al igual que Abby, quien no puede soportar ver a sufrir a los animales. Sin embargo, logró volver a concentrarse lo suficiente en la situación y se dirigió a mí, diciéndome:

—¡Billy! ¡Para! ¡Billy! ¡Para!

Continuó repitiendo esas mismas palabras una y otra vez mientras avanzaba hacia mí.

Mientras tanto, yo temía perder completamente el control, como me había ocurrido las otras veces, al enfrentarme a todos aquellos policías.

Abby continuó acercándose sin dejar de repetir:

—¡Billy! ¡Para!

Y me salvó. Sin saber muy bien cómo, logré detenerme al borde del precipicio de la locura que normalmente me dominaba y empecé a retroceder. Supongo que la voz de Abby me ayudó a contenerme.

Tardé unos quince minutos en volver a ser yo mismo, pero al menos durante ese tiempo no arrojé nada ni volví a atacar a Dusty. Abby se sentó a mí lado, en el sofá, y me abrazó.

Estaba muy excitado. Tenía ganas de hablar sobre lo que acababa de suceder, sobre cómo Abby había logrado contener el ataque.

—Me has ayudado a controlarme –le dije.

—Lo sé –respondió ella con una sonrisa.

—Pero si yo creía que era imposible.

—Te quiero. Por eso has podido controlarte.

—Creo que tienes razón. De verdad.

Sin embargo, el entusiasmo no tardó en desvanecerse. Aunque Abby había sido capaz de contenerme aquella noche, ¿qué ocurría cuando no estuviera cerca para ayudarme? No podía pedirle que estuviera constantemente a mi lado. De ninguna manera. Al cabo de un rato nos fuimos a la cama. Yo no pegué ojo; volvía a darle vueltas en la cabeza a lo que me deparaba el futuro.

¿Y si el obispo McKenna no podía ayudarme?

La bella América

El domingo 23 de julio, Abby y Bill se encontraron con David Alford, el fotógrafo de éste, John Cleve, y los cuatro embarcaron en el avión que les llevaría a América. Abby había sido incluida en los planes poco después de que Bill conociera a David Alford; no habría hecho el viaje sin ella.

Pese al entusiasmo que sentía ante la perspectiva del viaje, Bill seguía preocupado por el hecho de que aún estuviera sufriendo ataques. Sobrevolar el océano fue una experiencia muy emocionante para ambos y se comportaron como típicos turistas. Vieron el vasto océano extenderse de uno al otro horizonte; atravesaron espesas nubes que parecían tener kilómetros y kilómetros y tuvieron la oportunidad de contemplar una puesta de sol desde el aire. Puede que otros pasajeros se aburran durante los vuelos transatlánticos, pero ése no fue el caso de Abby y Bill Ramsey.

Nueva York les resultó una ciudad abrumadora. Pese a ser tan grande y extensa como Londres, nada podía prepararlos para las multitudes y el caos de Manhattan, incluso vista desde el aire.

En el aeropuerto los esperaba un coche de alquiler. Los cuatro recorrieron los cien kilómetros que los separaban del Stout Hill Motel en Bethel, Connecticut. Allí dieron por terminado el viaje. Estaban exhaustos.

Abby lo recuerda de este modo: «Aún no podía creérmelo del todo. Estaba allí, en América. Todo parecía tan diferente, más grande, más brillante y, por qué no, más lujoso. Incluso el campo, que al ser verano estaba muy verde, era todo un espectáculo.

»La primera noche sentí la tentación de caminar hasta la pequeña ciudad, en lo que supongo que podríamos llamar una excursión para ver escaparates, pero finalmente decidí quedarme con Bill. Estaba muy cansado y demacrado. Desde hacía tiempo tenía la teoría de que sus ataques eran producto del agotamiento, cuando no podía controlar del todo sus impulsos. Y sabía que estaba preocupado ante la posibilidad de sufrir otro. Desde la noche en que había estampado al perro contra la pared de la habitación, Bill estaba muy preocupado por perder el control en cuanto llegáramos a América.

»Por muy amables que sean tus anfitriones, los viajes siempre producen algo de estrés, y creo que Bill estuvo bastante ansioso la noche que pasamos en Bethel. Empezamos a ver una película en la televisión, una de Tony Curtis, uno de nuestros actores americanos preferidos.

»Bill se durmió pronto; estaba completamente agotado. Yo, en cambio, vi casi toda la película.

»Cuando empezaba a adormilarme, pese a saber que tenía que levantarme para apagar el televisor, escuché un sonido a un tiempo familiar y aterrador. Un gruñido se estaba formando en el pecho de Bill, un sonido profundo, vibrante y enojado. Abrió los ojos de golpe y, al cabo de un momento, me di cuenta de que aquéllos no eran los ojos de mi marido. Eran los ojos oscuros, brillantes y furiosos de una especie distinta a la humana.

»No quería gritar y asustar a Bill. Alargué la mano y la apoyé sobre su hombro desnudo. Sus extraños ojos seguían observándome fijamente.

»—Bill –le dije en voz baja–. Bill, soy Abby. Te quiero. Te quiero, Bill, y quiero que dejes de hacer esto. ¿Me oyes, Bill? ¿Me oyes?

»El rumor, parecido al de una tormenta veraniega, seguía sonando en su pecho y su garganta. Sin embargo, mientras le hablaba, el resplandor de sus ojos empezó a atenuarse y vi en ellos, aunque sólo fuera momentáneamente, la mirada del hombre al que amaba.

»—Bill, por favor, para, contrólate.

»No estoy segura de cuánto tiempo estuvimos mirándonos el uno al otro en la cama, ni tampoco cuánto tiempo mantuve la mano sobre su hombro. Fuera como fuese, percibí cómo el espíritu maligno se retiraba lentamente de su conciencia; vi cómo Bill volvía a ser Bill y cómo el espíritu animal dentro de él retrocedía.

»Por la mañana, mientras me estaba peinando en el cuarto de baño, Bill entró y, frotándose la cara, me dijo:

» —Esta noche he tenido un sueño extraño.

»—¿En serio?

»—He soñado que me despertaba y estaba atrapado en el cuerpo de un lobo.

»Lo miré a través del espejo. Estaba muy pálido y triste. No sabía si debía contarle la verdad.

»—Tú también estabas –continuó Bill–. Me ayudaste a superarlo, como hiciste en el salón de nuestra casa.

»Su ira fue repentina, avasalladora. Dio un puñetazo contra la pared y dijo:

»—Si los Warren no pueden ayudarme, no sé qué será de nosotros, Abby. Me da miedo incluso pensar en ello. –Por primera vez en su vida, Bill parecía casi impaciente por intentar deshacerse de la ira y la tristeza.

»Lo cogí entre mis brazos y lo sostuve durante mucho rato. Decidí no contarle lo que había ocurrido aquella noche. Mientras le abrazaba, sólo pude ofrecerle unas cuantas oraciones delicadas y silenciosas. Bill tenía razón. Si los Warren no podían ayudarnos, lo más probable era que no hubiera esperanza. Nuestra vida familiar se convertiría en una serie interminable de ataques.

»—Seguro que todo saldrá bien, Bill –le dije mientras seguía abrazándolo y acariciándole la espalda–. Estoy convencida.

»Sin embargo, ni yo misma estaba segura de creer en mis propias palabras».

Entrevista a Ed y Lorraine Warren

P: Conocéis al obispo Robert McKenna desde hace mucho tiempo, ¿verdad?

Ed: Oh, sí. Desde hace casi veinte años.

P: El obispo McKenna es lo que llamaríamos un católico tradicionalista. ¿Podríais explicarnos qué es eso?

Lorraine: Significa que el obispo rompió con la Iglesia después del Concilio Vaticano Segundo, hace unos veinticinco años, cuando Roma decidió que, a partir de ese momento, la misa se dijera en la lengua vernácula, además de introducir otros cambios fundamentales en la fe. El padre McKenna descubrió que muchos católicos laicos pensaban igual que él. Su parroquia se llenaba todos los domingos por la mañana con los fieles que preferían seguir haciendo las cosas como se habían hecho siempre.

P: ¿Y entonces se involucró en el movimiento tradicionalista?

Ed: Sí. De hecho, los líderes del movimiento lo hicieron obispo.

P: ¿Habíais colaborado anteriormente con el obispo en otros exorcismos?

Lorraine: Sí. Es el sacerdote más culto con el que hemos trabajado. Ha estudiado la historia de las infestaciones demoníacas y cómo lidiar con ellas.

P: Entonces ¿todos los exorcismos que practica tienen éxito?

Lorraine: No, no todos. Recuerda que a veces debemos enfrentarnos a demonios que son casi tan poderosos como el propio Satanás, o que son el propio Satanás, pero con otra forma. El obispo McKenna es un hombre muy humilde. Nunca hace promesas sin fundamento sobre sus exorcismos. Normalmente funcionan, pero no siempre.

Ed: También debemos destacar otra cosa importante acerca del obispo McKenna: nunca pide nada a cambio. Ni dinero ni publicidad. Es un hombre muy serio y devoto. Ya no quedan muchas personas como él. Es de la vieja escuela, de eso no cabe duda, y por eso siempre está dispuesto a ayudar a aquellos que se encuentran al borde del precipicio.

P: ¿Le habíais hablado de Bill Ramsey?

Lorraine: Sí, claro. Hablamos con el obispo durante horas. Le contamos todo lo que sabíamos sobre él.

P: ¿Y estuvo de acuerdo en que parecía un caso de posesión?

Ed: Sí, ésa fue su primera respuesta. Creyó que era un caso evidente de infestación demoníaca.

P: ¿Le parecía significativa la experiencia que había tenido cuando era pequeño en el patio trasero de la casa de sus padres, el día que arrancó el poste de la cerca?

Ed: Sí. Según el obispo, ése fue probablemente el momento en que el demonio entró en contacto por primera vez con él.

P. ¿Dónde iba a tener lugar el exorcismo?

Lorraine: La iglesia del obispo está en Monroe, Connecticut. Es una localidad pequeña pero preciosa. Es como adentrarse en otra época; el tiempo se detiene y la vida es muy tranquila y agradable.

P: ¿No tenía miedo el obispo? Algunas personas que han practicado exorcismos han resultado heridas, ¿verdad?

Lorraine: La fe del obispo le impedía tener miedo. Dicho esto, era perfectamente consciente de que algunos sacerdotes han sido atacados por demonios mientras practicaban un exorcismo.

P: ¿Ha muerto alguien alguna vez?

Ed: Sí, al parecer ha habido algunos casos.

P: ¿Y el obispo no tuvo ningún tipo de reticencia?

Lorraine: En absoluto. Tenía muchas ganas de ayudar a Bill. Tras referirle todas las contrariedades que había sufrido Bill, especialmente la humillación de haber sido ingresado en un hospital psiquiátrico, el obispo se mostró más que dispuesto a ayudarle. Se pasó muchas horas rezándole a Dios para que le ayudara a que el exorcismo tuviera éxito.

P: ¿Estaba nervioso?

Ed: Nervioso no, pero supongo que un poco ansioso sí. Para empezar, un exorcismo suele ser una experiencia bastante estresante. Hay mucho en juego y a veces los demonios pueden llegar a ser aterradores. Hay muchos ruidos extraños, colores distintos y olores muy desagradables… No es una experiencia agradable. Obviamente, hay formas mejores de pasar la tarde o la noche.

P: ¿Y tú, Lorraine? ¿Estabas nerviosa?

Lorraine: Estoy de acuerdo con Ed. Sentía cierta ansiedad. Los Ramsey habían viajado desde Inglaterra. Sus hijos y sus amigos rezaban por ellos. El periódico *The People* había invertido mucho tiempo y dinero en el viaje; incluso habían enviado a un reportero y un fotógrafo. Había mucho en juego, así que, evidentemente, sentía la presión.

P: ¿Cómo lo llevaban los Ramsey?

Ed: *(Risas).* Ojalá todas las personas con las que trabajamos fueran tan agradables como Bill y Abby. Estaban muy agradecidos por todo lo que estábamos haciendo por ellos y disfrutaron mucho de su primera visita a EE. UU. Nos lo pasamos muy bien enseñándoles lugares interesantes y oyendo los comentarios que hacían acerca de ellos.

P: ¿Conocieron al obispo antes del exorcismo?

Lorraine: Sí, por supuesto. Al obispo McKenna siempre le gusta conocer de antemano a las personas que participarán en el exorcismo. Les explica en qué consiste y les hace preguntas personales. La conversación con los Ramsey fue muy larga. El obispo les cayó bien de inmediato. Sintieron que podían confiar en él y se sintieron muy cómodos. Y eso fue muy importante.

P: Entonces, ¿quedaba poco para el exorcismo?

Ed: Sí. Los Ramsey conocieron al obispo un martes, y el exorcismo estaba previsto para el día siguiente.

P: ¿Estaba todo listo?

Lorraine: Sí, absolutamente todo.

Un hombre cínico

En una ciudad tan pequeña como la suya, es difícil guardar un secreto, y así es como Chuck Vogel, periodista de profesión, se enteró del inminente exorcismo.

Al trabajar para un periódico local, Vogel no solía tener muchas oportunidades de cubrir noticias importantes. Normalmente, debía escribir sobre ferias locales, incendios menores y reuniones de supervisores locales en las que éstos solían premiar a varios familiares y amigos con contratos para el uso de los fondos estatales.

A sus treinta y siete años, Vogel era consciente de que nunca iba a ganar un premio Pulitzer, ni trabajar para un periódico con una tirada superior a los 10 000 ejemplares ni conducir nada mejor que su viejo Dodge con un agujero de bala en la ventanilla trasera y el guardabarros derecho completamente oxidado.

Pero, por lo menos, entonces se había topado con una historia que tenía un gran potencial.

A veces, durante sus viajes, Vogel cruzaba tres condados para visitar a una mujer divorciada con la que había estado saliendo de forma intermitente durante los últimos seis meses. A ella no parecía importarle demasiado la afición de Vogel a la cerveza, su irreverente sentido del humor ni el desprecio mal disimulado que sentía por su exmarido, un obrero de fábrica y motero apodado «Adolf» por su abierta admiración por el líder nazi.

La mujer sólo le había dejado pasar la noche en su casa cuatro veces, y ninguna de ellas había sido especialmente agradable. Todas habían terminado con amargas lágrimas y desagradables arengas sobre lo mucho que echaba de menos a Adolf, porque él sí era un hombre de verdad, no como ciertos periodistas que tenía en mente.

Vogel no tenía la menor idea de por qué seguía volviendo a su casa; quizá porque nunca había tenido mucho éxito con las mujeres, o porque tampoco tenía nada mejor que hacer en aquel momento. Pero lo cierto era que seguía yendo a verla.

En uno de sus viajes a través de varios condados para ir a ver a la viuda Bailey (como se refería a ella), se detuvo en un pequeño restaurante próximo a la localidad de Danbury, y ahí es donde escuchó por primera vez la historia del inglés que creía ser un hombre lobo. La historia de un tal obispo McKenna que estaba a punto de realizar un exorcismo. La historia de los otros periodistas venidos de Inglaterra.

Y, de repente, Chuck Vogel tuvo la sensación de que Dios por fin se fijaba en él y le sonreía. No era una gran sonrisa, pero menos era nada.

Porque Chuck Vogel tenía por fin ante él una historia importante que investigar.

Menuda sorpresa se iban a llevar los conservadores lectores de su pequeño periódico local.

Mientras buscaban noticias del club de jardinería o consejos sobre el mejor momento para plantar el maíz, se iban a volver locos al descubrir la escalofriante epopeya del hombre que aseguraba ser un hombre lobo y del obispo tradicionalista que decía estar en contacto con fuerzas demoníacas.

Chuck Vogel volvió a sentir que tenía veintitrés años y que estaba empezando su carrera. Pagó el café, le guiñó el ojo a la guapa camarera tras la caja registradora y se marchó.

Durante el viaje de vuelta a su ciudad natal, Chuck hizo una parada en la iglesia donde tendría lugar el exorcismo. A aquella hora de la tarde, el sol entraba a raudales por las ventanas y el incienso hacía que la atmósfera tuviera un aire melancólico; Chuck había sido monaguillo, por lo que el incienso siempre le traía muchos recuerdos. Recorrió la nave hasta encontrar el lugar ideal donde ocultarse durante el exorcismo.

Ahí podría estar de pie, observarlo todo y hacer algunas fotografías antes de salir de la iglesia sin que nadie se diera cuenta de nada.

Volvió al coche, encontró una buena emisora de *rock and roll* y pisó a fondo el acelerador, lo que en el caso de su Dodge significaba alcanzar unos 100 km/h, un récord de velocidad para aquella vieja tartana.

Cuando llegó a su apartamento de una habitación, con las paredes manchadas de humedad y sin manija en el inodoro, el premio Pulitzer había dejado de parecerle una idea tan descabellada.

Quizá al final terminara ganándolo, después de todo.

◆ ◆ ◆

—¿Un qué? –exclamó su jefe aquella noche.

—Un exorcismo.

—¿Como en la película?

—Sí, como en la película.

—¿Con la cabeza dándole vueltas y vomitando moco verde?

—Bueno, no necesariamente ese tipo de cosas. Pero sí, un exorcismo. Uno real.

Su jefe se llamaba Peterson. Como Vogel, se había licenciado en la Facultad de Periodismo de la universidad estatal (1947) y, como Vogel, había soñado con trabajar en el periódico de una gran ciudad, cubriendo asesinatos, casos de prostitución y el tipo de noticias que hacen que la vida de un periodista tenga sentido. No obstante, tras licenciarse, después de la Segunda Guerra Mundial, la economía estaba en recesión y Peterson había tenido que buscarse la vida.

Al final había terminado en una ciudad menor, donde había pedido un préstamo para comprar un periodicucho local y se había convertido no sólo en el propietario, editor y único reportero, sino también en el responsable de la publicidad. Había tenido que rebajarse y visitar a todos los comerciantes del condado para que se anunciaran en su periódico. Los periodistas no deberían hacer ese tipo de cosas. El periodismo se dedicaba a la verdad y la justicia, no a la promoción de solomillos y fajas. Y, sin embargo, a eso era a lo que se había dedicado, y entonces, muchos años después, estaba gordo y calvo, había sufrido dos ataques al corazón y sólo pensaba en jubilarse en cuanto Vogel consiguiera un préstamo que le permitiera hacerse cargo de su periódico local.

Mientras tanto, Peterson seguía siendo el jefe y, como todos los jefes, debía mostrarse contrariado cuando su estúpido empleado acudía a él con una idea especialmente descabellada.

—¿Un exorcismo?

—Un exorcismo. Sí, señor.

—¿Y crees que a nuestros lectores les interesará eso?

—Creo que a nuestros lectores les encantará.

—¿Leer cómo alguien vomita sopa de guisantes?

—Leer cómo alguien vomita sopa de guisantes.

—Que Dios me ayude.

—Que Dios nos ayude a todos –dijo Vogel, demostrando su amor por la humanidad.

Y entonces Peterson empezó a reír.

Su enorme tripa se sacudía, la papada se agitaba, el cigarrillo empezó a trazar círculos en el aire y las lágrimas empezaron a resbalar por sus mejillas. Era la viva imagen de Papá Noel. Después de beberse un paquete de seis cervezas, claro.

—Un exorcismo –dijo Peterson, quien parecía encontrar todo aquello muy gracioso pese a que Vogel no entendía muy bien por qué–. Un exorcismo. ¡Que me parta un rayo!

Vogel era todo un caballero, por eso se contuvo y no le dijo a Peterson que él también lo deseaba.

—Adelante, muchacho –dijo Peterson–. Adelante con ello.

UN INOCENTE EN EL EXTRANJERO

Durante los siguientes días, Abby y Bill Ramsey repartieron su tiempo entre la preparación del inminente exorcismo y las visitas turísticas.

América, con sus centros comerciales, su gran variedad de restaurantes y sus bucólicos paisajes campestres, los tenía fascinados. Era verano, uno particularmente benigno, y la naturaleza mostraba su rostro más sutil. Alguien les había asegurado que, de vez en cuando, los veranos eran tan calurosos que apenas podían llevarse a cabo actividades al aire libre.

Según explica Bill: «Todas las personas involucradas insistieron en que debía realizar determinadas pruebas médicas. Aquello se demoró algún tiempo, y no todas las pruebas resultaron concluyentes. El doctor Andy DeMarco me realizó un examen físico completo y concluyó que estaba en perfecta forma. No obstante, me recomendó que me hiciera un electrocardiograma, pues estaba preocupado por los efectos que podía tener un exorcismo para mi corazón. El doctor DeMarco había presenciado algunos y sabía que era una experiencia tremendamente estresante. Me concertó hora en una clínica para que evaluaran qué nivel de estrés podía tolerar mi organismo.

»Y después fuimos a conocer al obispo McKenna».

◆ ◆ ◆

El obispo era una persona extremadamente modesta. Vivía modestamente, hablaba modestamente y tenía una modesta opinión sobre sus habilidades como exorcista.

—No siempre tengo éxito, Bill —le dijo el obispo en su despacho una tarde soleada y llena de verdor—. Espero que seas consciente de eso.

—Sí, padre, lo entiendo.

—Sólo se puede convocar el poder de Dios para ayudarnos limpiando nuestras almas y rezando con devoción.

—Lo entiendo, padre.

El obispo McKenna estudió a Bill durante unos segundos.

—Has sufrido mucho, ¿verdad?

—Sí, padre.

—Y no es sólo por ti por lo que deseas que funcione el exorcismo, ¿no es cierto?

—No, padre. Quiero que funcione por el bienestar de mi familia. En cierto modo, ellos han sufrido incluso más que yo.

—El Señor recompensará el amor que sientes por tu familia.

Bill asintió.

—¿Te han informado acerca del electrocardiograma?

—Sí, padre.

—¿Te han dicho que fui yo el que lo recomendó?

—No, padre.

El obispo McKenna asintió lentamente con su venerable cabeza. Parecía cómodo en aquel estudio pequeño pero bien amueblado. Uno podía percibir el tiempo que había pasado entre aquellas cuatro paredes. El obispo continuó:

—Cuando empecemos a purgar tu alma, te convertirás en un animal salvaje.

—Lo sé.

—Habrá escoltas.

—¿Escoltas?

—Sí. Para protegerme.

—Yo nunca le haría daño, padre.

—No, cuando tienes el control de tus acciones, por supuesto que no lo harías, Bill. Pero mañana… —El obispo sacudió la cabeza—. He pedido a los escoltas que lleven pistolas paralizantes. ¿Sabes para qué son?

—¿Para inmovilizarme?

—Exacto. La policía las usa desde hace tiempo.

—¿Por eso tengo que hacerme un electrocardiograma? –preguntó Bill.

—Sí, las armas de electrochoque pueden provocar una descarga en tu corazón –dijo el obispo–. Quiero asegurarme de que estarás a salvo.

—Agradezco su preocupación, padre.

El obispo se levantó y alargó la mano.

—Entonces, nos veremos mañana, Bill. Que Dios nos bendiga a los dos.

Tras decir eso, el obispo acompañó a Bill hasta la puerta.

Una noche larga y oscura

La noche antes del exorcismo, Abby no logró pegar ojo. Bill, a su lado, dormía de forma intermitente.

De vez en cuando, los faros de los vehículos que circulaban por la carretera que discurría junto al motel creaban formas en la pared de la habitación a oscuras y desaparecían rápidamente. Abby se preguntó qué debía de sentirse al conducir en plena noche uno de esos coches americanos tan grandes y rápidos, con mucho dinero en la cartera y rumbo a la costa oeste, con su promesa de estrellas de Hollywood y personajes y atracciones de Disneylandia. Deseó poder estar entonces en ese coche, con Bill a su lado, circulando por la oscura carretera.

Mientras trataba de conciliar el sueño, hizo todo lo posible por no pensar en el exorcismo que tendría lugar a la mañana siguiente. Por muy bien que le cayeran los Warren, Abby tenía muchas dudas de que el ritual lograra el efecto deseado. ¿Y si, después del exorcismo los ataques continuaban? ¿A quién podrían recurrir entonces?

Según las luminosas manecillas del reloj despertador, eran las 4:16 cuando finalmente la venció el sueño y se quedó dormida.

Dormir le sintió maravillosamente bien. Por fin logró que se relajara todo el cuerpo. Poco después, sin embargo, abrió los ojos de golpe y se incorporó sobre la cama. Tenía el cuerpo muy tenso. En la oscuridad, le llegó a los oídos el gruñido ronco y salvaje proveniente del pecho de Bill. Pero, a diferencia de la otra noche, Bill no estaba tendido pasivamente. Pese a que aún estaba dormido, el espíritu lo había poseído por completo.

Bill se incorporó lentamente, lo que provocó que la sábana se deslizara hasta el suelo, y se volvió para mirar a Abby. Tenía los ojos completamente rojos, como si fueran dos rubíes. A pesar de la oscuridad, Abby distinguió los dientes de su marido asomando por entre los labios. Bill trató de agarrarla con sus manos en forma de garras.

—¡Bill! –gritó mientras intentaba bajar de la cama antes de que pudiera conseguirlo.

Sin embargo, no se movió con la suficiente rapidez. Bill la cogió por el tirante del camisón y la atrajo hacia él.

—¡Bill! –volvió a gritar.

Pero él ya estaba encima de ella. Empezaron a forcejear sobre la cama. Abby no tenía ninguna duda de cuáles eran sus intenciones: morderla con sus dientes blancos y chasqueantes.

Abby era consciente de que estaba dejándose llevar por el pánico mientras trataba de zafarse de su marido; y también sabía que si quería librarse de él y ayudarlo al mismo tiempo, debía recuperar la calma y hablar con él como había hecho en su casa la noche en que había lanzado al perro contra la pared.

—¡Bill! –dijo más calmada, usando las palmas de las manos para mantener el rostro de Bill alejado de su garganta–. Bill, quiero que pares de una vez.

En la oscuridad, mientras los gruñidos de Bill se volvían cada vez más aterradores, su sosegado tono de voz resultaba casi patético. ¿Cómo iba a conseguir detener a la bestia enloquecida en la que se había convertido Bill hablándole con aquella voz dulce y suave?

Mientras seguía agarrándolo por los brazos para mantenerlo alejado de ella, Abby notó la tensión en todo su cuerpo. Los largos músculos dorsales le hicieron pensar en un perro… o un lobo.

—Bill.

Éste intentó una vez más clavarle los dientes en la garganta; no con la precisión de un vampiro, sino con la rabia de un animal enloquecido por su propia furia. Deseaba arrancársela, dejar tan sólo un agujero sangrante y caliente.

—Bill, quiero que pares. Por favor, Bill. Quiero que pares.

Entonces, las manos de Bill buscaron su garganta y empezaron a asfixiarla, tal y como había hecho con el agente Brad Busby. A aquellas alturas, su fuerza era abrumadora. Una saliva caliente empapó el rostro de Abby. Las manos alrededor de su garganta cada vez ejercían una mayor presión.

Durante unos terribles instantes, Abby vio pasar frente a sus ojos imágenes de su propia vida. Sabía que esta estaba llegando a su fin. Su propio marido iba a estrangularla en una habitación de motel. La sordidez de la situación la deprimió. Era una mujer orgullosa, criada en una familia orgullosa; no quería morir de aquel modo.

Bill continuaba asfixiándola. Por entonces, sus rugidos eran tan fuertes que empezaron a pitarle los oídos. Sin embargo, logró golpearle con la palma de la mano en la base de la mandíbula con la fuerza suficiente como para alejar momentáneamente las manos de Bill de su cuello.

Rodó sobre sí misma, y cayó de la cama y se golpeó contra el suelo. Bill se revolvió como un animal desbocado e intentó agarrarla de nuevo, pero Abby se las arregló para arrastrarse hasta el escritorio. Rápidamente, cogió una botella de refresco vacía que había dejado allí la noche anterior. Por modesta que fuera, al menos ahora tenía un arma con la que defenderse.

Cuando Bill empezó a correr hacia ella, a cuatro patas y con los ojos otra vez de color rubí, Abby levantó la botella por encima de la cabeza y se preparó para golpearlo con ella.

—Bill, te quiero.

Abby no pensaba que Bill fuera a oír lo que acababa de decirle. Hablaba en voz muy baja y sus gruñidos seguían siendo muy fuertes. Sin embargo, en cuanto lo dijo, vio como un doloroso reconocimiento empezaba a aparecer en sus ojos de rubí, como si una pequeña parte de él hubiera reconocido de repente quién era ella y qué estaba a punto de hacerle.

—Bill, te quiero –volvió a decir Abby.

Y entonces él se detuvo, justo en mitad de la habitación.

Durante unos instantes, Abby sólo oyó sus jadeos. Y, poco después, el ruido del tráfico procedente de la carretera. La gente iba a trabajar pronto. Los faros de un automóvil iluminaron brevemente el rostro de Bill, por lo que Abby pudo ver como empezaban a desaparecer lentamente los atributos lobunos que había tenido hacía tan sólo unos momentos. Bill estaba recuperando su personalidad.

Abby se sorprendió al oírle decir:

—Ayúdame, Abby. Ayúdame.

Entonces lo cogió entre los brazos y lo acunó como si fuera un niño pequeño. «Por favor, Señor. Haz que el exorcismo funcione. Por favor, Señor».

En algún momento próximo al amanecer, Bill se durmió de aquel modo, en el suelo, con la cabeza en el regazo de su mujer mientras ésta le acariciaba los hombros con sus suaves manos. «Por favor, Señor, por favor».

No hay refugio

La mañana del exorcismo, Chuck Vogel se despertó temprano y avanzó tambaleante hasta el cuarto de baño para asearse. La noche anterior había bebido whisky, anticipándose al dulce placer de cubrir el exorcismo como testigo oculto, y el dolor de cabeza confirmaba el hecho de que se le había ido la mano.

Mientras se enjabonaba la cara con crema de afeitar frente al espejo, observó detenidamente sus rasgos y, como siempre, deseó ser guapo. Y entonces reparó en la marca que tenía en la frente.

Chuck era católico, por eso todos los Miércoles de Ceniza recibía la bendición de las velas y la marca de ceniza en el centro de la frente que representaba su aceptación de la Cuaresma. Siempre llevaba con orgullo la pequeña marca de ceniza. Estaba orgulloso de ser católico y, a pesar de las bromas ocasionales que algunos solían hacerle, se negaba a ocultar su fe.

Sin embargo, la marca que vio en su frente aquella mañana era distinta. Se acercó al espejo para observarla con mayor detenimiento. Y entonces recordó el sueño.

Las resacas siempre le provocaban temblores, sudor y deshidratación. Pero, esa mañana, le pareció que también tenía algunos de los síntomas de la gripe. Siguió acercándose cada vez más al espejo para estudiar la marca que tenía en la frente y entonces lo reconoció:

Se trataba de un pentagrama.

Alguien le había dibujado un pentagrama, una estrella de cinco puntas que suele asociarse con la adoración satánica, justo en mitad de la frente.

Aterrorizado, se mojó los dedos con agua fría y después se frotó la frente para borrar el pentagrama. Pero no funcionó. Lo probó con agua y jabón, pero tampoco sirvió de nada. Abrió el grifo del agua caliente; lo estaba tanto que el vapor empañó el espejo. Antes de intentar frotarse el pentagrama, tuvo que limpiar el espejo.

Un pensamiento absurdo acudió a su mente: ¿y si debía llevar en la frente el pentagrama durante el resto de su vida? Y entonces se le ocurrió algo aún más siniestro: ¿y si aquello no era más que una advertencia de las fuerzas del mal para que se mantuviera alejado de la iglesia y del exorcismo que debía tener lugar aquel mismo día?

Una hora después, duchado, afeitado y vestido, Chuck Vogel se sentó junto a la ventana de la cocina de su pequeño apartamento. Eran las once de la mañana de un caluroso día de julio en una ciudad tan pequeña que apenas tenía código postal. En la calle polvorienta, cuatro niños jugaban a batear y, en una esquina, tres ancianos estaban sentados en un banco delante de la emisora de radio bebiendo una naranjada y espantando las moscas. En otras palabras, un típico y tranquilo día de verano.

Salvo por una cosa. Alguien, o algo, había dibujado un pentagrama en mitad de la frente de Chuck Vogel.

Se sirvió un tercer trago de whisky y, con el estómago en ayunas, el líquido le sentó como un tiro. Aunque sabía que no debería estar bebiendo tan pronto, le daba igual. El pentagrama lo había asustado.

◆ ◆ ◆

El ama de llaves, una mujer corpulenta enfundada en un vestido desteñido, acompañó a Chuck Vogel hasta el estudio y lo dejó sólo mientras iba a avisar al monseñor. Chuck no conocía al sacerdote; había viajado ochenta kilómetros para consultar su problema. No quería que nadie en su pequeña ciudad descubriera lo que le había pasado.

Mientras esperaba, Chuck husmeó en la considerable biblioteca, donde encontró libros de Chesterton, H. G. Wells y Jack London mezclados con otros de temática religiosa. Chuck deseó poder quedarse en aquella hermosa y pequeña habitación forrada en cuero, como un monje, y pasar el resto de su vida leyendo todos aquellos libros. Y, de vez en cuando, en las largas noches de invierno, el ama de llaves le traería comida, las zapatillas o una pipa. En ese momento no quería ser Chuck Vogel, de profesión periodista. Quería ser cualquiera persona menos él.

El hombre que entró en el estudio era bajito, calvo, bronceado y llevaba puesta una camisa de golf verde lima y unos pantalones de golf amarillos. Debía de rondar la cincuentena y sus ojos azules insinuaban inteligencia y sentido del humor. Se presentó como monseñor McBride. Alargó una mano nervuda para que se la estrechara y después se sentó delante de Chuck.

—¿Le importa si cierro la puerta?

—En absoluto. Ya lo hago yo. –Monseñor se levantó, cerró la puerta y después volvió a sentarse–. Dígame, ¿en qué puedo ayudarle?

—El pentagrama.

—¿Qué pentagrama?

—El que tengo en la frente.

La mirada de monseñor McBride perdió parte de su jovialidad.

—Vaya.

—Lo ve, ¿verdad?

—Pues, creo que no.

Chuck se inclinó hacia delante sobre la silla y se señaló la frente.

—Justo aquí. En el centro.

—¿Un pentagrama?

—Sí.

—¿Una estrella de cinco puntas?

—Sí.

—¿En el centro de la frente?

—Sí, la ve, ¿verdad, monseñor?

A aquellas alturas, monseñor estaba inclinado hacia delante, observando fijamente la frente de Chuck con los ojos entrecerrados.

—No, me temo que no veo nada.

—Pero si está ahí mismo.

—No, ahora mismo no hay nada.

—Pero si justo antes de entrar, me he mirado en el espejo retrovisor y lo he visto. Claro como el agua.

—Lo siento.

—Dios mío.

Chuck se puso de pie de un salto y empezó a pasearse por la habitación. Estaba empapado en sudor y le temblaba todo el cuerpo.

—¿Podría pedirle al ama de llaves que trajera un espejo?

—Yo mismo se lo traeré. —Monseñor McBride se levantó y señaló la silla donde Chuck había estado sentado hacía un momento—. ¿Por qué no se sienta? Volveré en un momento.

En cuanto monseñor salió del estudio, las manos de Chuck le empezaron a temblar de forma descontrolada. Se sentía humillado, aterrorizado y totalmente confundido. Había visto el pentagrama. No le cabía la más mínima duda. Estaba absolutamente convencido.

Cuando regresó, monseñor le ofreció una tímida sonrisa de disculpa.

—He tenido que pedirle el suyo al ama de llaves. Yo no tengo.

Y le entregó a Chuck un espejito de plástico con adornos.

—Aquí tiene.

Chuck se lo puso rápidamente delante de la cara y se miró en él.

El alivio que sintió fue tan intenso que tuvo ganas de ponerse a llorar allí mismo.

No había sido un producto de su imaginación. El pentagrama estaba justo allí, en mitad de su frente. Apartó el espejo y le dijo al monseñor:

—Mire. Está justo aquí.

Monseñor se acercó un poco más a él y le examinó la piel como si se tratara de un dermatólogo.

—Me temo que sigo sin ver nada —le dijo finalmente.

—¿Cómo? —repuso Chuck acercándose nuevamente el espejo a la cara. El pentagrama seguía allí, tan obstinado y desagradable como siempre.

—Pero, monseñor… —empezó a decir.

Sin embargo, antes de que pudiera terminar la frase, monseñor levantó una mano y le interrumpió:

—Siéntate. Debemos hablar.

Monseñor fue hasta la puerta del estudio, la cerró y después volvió a sentarse.

—De acuerdo –dijo–. Dime qué has estado haciendo que pueda haber atraído a Satanás a tu vida.

Durante los siguientes veinte minutos, Chuck le contó al sacerdote su historia. Monseñor McBride le escuchó sin hacer ningún comentario ni pregunta. Chuck le contó todo lo que había visto y oído el día anterior en la iglesia, nada de lo cual podía considerarse realmente amenazador, y cómo después se lo había contado a su novia ocasional. Sólo entonces, cuando Chuck pasó a referirle el tipo de relación que tenía con aquella mujer, en los ojos de monseñor apareció un destello de desaprobación sacerdotal. Chuck comprendió que le hubiera gustado que la relación estuviera formalizada mediante los ritos del matrimonio y la santidad de la Iglesia.

Finalmente, una vez que Chuck hubo terminado y volvió a recostarse en la silla, monseñor McBride le dijo:

—¿Tuviste algún sueño anoche?

—Creo que sí.

—¿No estás seguro?

—No… Un momento, tal vez sí.

—¿Recuerdas algo?

Chuck se esforzó por recordar. Una horrible imagen apareció en su mente.

—Sí, sí que soñé algo.

—¿Podrías contarme el sueño?

—Había una joven muy hermosa que me estaba persiguiendo. No sé por qué quería escapar de ella. Es decir, normalmente… –Chuck se detuvo. No quería decirle a un sacerdote que, en sueños, normalmente se habría dejado atrapar por una mujer tan hermosa y habría disfrutado de una larga y agradable secuencia onírica con ella.

—¿Seguiste corriendo?

—Sí, monseñor.

—¿Sabes por qué?

En su mente volvió a aparecer la misma imagen terrible.

—Porque en realidad no era una joven hermosa.

—¿No lo era?

—No. Cuando se acercó más, la miré y vi que en realidad era una vieja arpía. Parecía enferma, como si acabara de salir de la tumba.

Monseñor le miró fijamente.

—No quieren que vayas.

—¿Quién no lo quiere?

—¿De verdad he de decirle a quién me refiero?

Chuck sacudió la cabeza.

—Supongo que no. —Se quedó pensativo unos instantes–. Pero, ¿por qué no me quieren allí?

—Quizá no quieren que un periodista presencie lo que va a suceder durante el exorcismo.

—No se me había ocurrido eso.

Chuck se sintió un poco raro hablando de aquellos temas una tarde soleada de verano, especialmente con un sacerdote vestido con ropa de golf de color amarillo y verde lima.

—No te acerques a la iglesia, Chuck.

—¿Habla en serio?

—Muy en serio.

Chuck meneó la cabeza.

—Pero, y el pentagrama…

—Sólo tú puedes verlo. Así es cómo quieren que sea. Quieren desacreditarle, hacer que la gente crea que estás loco, porque de ese modo, si cuentas algo… Ya ves adónde quiero ir a parar. –Monseñor McBride se inclinó sobre la silla–. Ve a casa, Chuck. Directo a ella. Hagas lo que hagas, no te detengas en la iglesia. ¿Lo has entendido?

Chuck asintió con la cabeza.

—Pero, ¿qué pasará con el pentagrama?

—En cuanto haya pasado el exorcismo, si tiene éxito, dejarás de verlo.

—¿En serio?

Monseñor asintió.

—Ya has visto de lo que son capaces. Imagina lo que pueden llegar a hacer durante un exorcismo.

—Tiene razón. No había pensado en eso.

Monseñor McBride se levantó y le ofreció la mano.

—Ve a su apartamento y cierra las ventanas y las puertas y no salgas de allí hasta mañana.

—Gracias, monseñor. Se lo agradezco mucho.

—Date prisa, Chuck. Date prisa.

Menos de dos minutos después, Chuck estaba al volante de su automóvil, recorriendo los ochenta kilómetros que le separaban de la pequeña ciudad en la que vivía.

Un viaje aterrador

L A   M A Ñ A N A   D E L   E X O R C I S M O, Bill Ramsey se despertó y se sentó al borde de la cama, consciente de que aquel día su vida iba a tomar un nuevo rumbo: o conseguía librarse del espíritu del hombre lobo o se vería obligado a resignarse a su destino. Aún no había descartado completamente la idea del suicidio.

Poco después de salir de la ducha, le llamó Ed Warren.

—¿Cómo te encuentras?

—Bien –dijo Bill. Y entonces añadió–: Nervioso.

—Todo irá bien. Ya lo verás.

Mientras hablaba por teléfono, recorrió la habitación con la mirada. Vio una silla con una pata rota. La noche anterior la silla estaba en perfecto estado. Aunque el temor amenazó con atenazarlo, no le dijo nada a Ed.

—Pasaremos a buscaros dentro de una hora, más o menos –le dijo Ed–. Después iremos todos juntos a la iglesia.

—Bien. Te lo agradezco.

Ed guardó silencio durante un buen rato.

—¿Bill? –dijo finalmente.

—Dime.

—Si algo fuera mal, me lo contarías, ¿verdad?

—Claro.

Pero Bill seguía mirando fijamente la silla. Algo *había* pasado allí la noche anterior. Se esforzó por recordarlo, pero su mente se negaba a ofrecerle imágenes o recuerdos de ningún tipo; sólo una fría sensación de pavor. Por lo que *podría* haber ocurrido. Por lo que *seguramente* había hecho.

—Nos vemos dentro de una hora, Ed –dijo Bill antes de colgar con cuidado.

Se sentó al borde de la cama y esperó a que Abby saliera del baño. Cuando lo hizo, envuelta en una toalla, fue a buscar su ropa y empezó a vestirse. Él la observó durante un buen rato antes de hablar.

—Abby –dijo.

Ella se estaba peinando frente al espejo. Sus ojos se encontraron con los de él en la pulida superficie éste.

—¿Sí?

—Volvió a pasar anoche, ¿verdad?

Abby desvió la mirada rápidamente para evitar seguir mirándole a la cara.

—Abby, contéstame. Por favor.

—¿No recuerdas nada? –le dijo ella en voz baja.

—No.

Ella hizo una pausa.

—Tal vez sea lo mejor.

—Pero, Abby…

Bill vio entonces que Abby tenía unos tenues moretones en el cuello. ¿Le había…? Se cubrió la cara con las manos y se quedó allí sentado un buen rato.

Abby se acercó y se sentó a su lado en el borde de la cama. Le frotó los hombros y luego lo rodeó con sus brazos y le abrazó.

—Todo irá bien –le dijo–. Tengo mucha fe en los Warren y el obispo McKenna.

—Pero ¿y si no sale bien?

—Irá bien. Te lo prometo.

—Me gustaría poderlo recordar.

—Créeme, es mejor que no lo recuerdes.

—¿Tan malo fue?

Abby se puso de pie y sonrió.

—Venga. Ed ha dicho que estarán aquí en una hora. Será mejor que nos demos prisa.

Bill alargó una mano y cogió una de las de ella.

—No sé cómo puedes seguir conmigo.

Ella se rio.

—Yo tampoco. –Le dio un beso en la frente–. Supongo que porque te quiero. No se me ocurre otro motivo.

A pesar de lo que le esperaba, Abby había logrado que se sintiera mejor. Al menos momentáneamente. Se tumbó en la cama y pensó en todos los lugares maravillosos que había conocido durante el viaje. Durante unos inestimables minutos, olvidó el motivo que los había llevado hasta aquellos lares. Se limitó a disfrutar del momento. Hasta que…

Volvió a reparar en la pata rota de la silla, en el modo en que se inclinaba hacia el lado izquierdo.

Dios mío, ¿y si la hubiera matado? Y si…

—Será mejor que vengas y termines de asearte –dijo Abby desde el cuarto de baño.

Bill hizo lo que le decía. Quedaban menos de dos horas para el exorcismo. No tuvo que preguntarse por qué le temblaban las manos.

Un grave error

Poco después de que Bill y Abby Ramsey fueran con los Warren a comer algo ligero antes de dirigirse a la iglesia, Chuck Vogel entraba en la localidad. Venía del este, de la iglesia donde se había entrevistado con el monseñor McBride. Aunque sabía que debía girar a la derecha después de la señal que indicaba los límites de la ciudad, el instinto le dijo que pasar frente a la pequeña iglesia blanca no era una buena idea.

Sin embargo, por alguna razón desconocida, pasó frente a ella de todos modos.

Y se detuvo.

Se quedó tanto rato allí sentado que el vehículo que circulaba detrás de él empezó a tocar el claxon. Chuck estacionó en el arcén. Durante los siguientes diez minutos, se limitó a permanecer sentado dentro del coche y a observar la iglesia. No tenía la menor idea de por qué lo hacía. Era como si lo hubieran hipnotizado. Era incapaz de apartar los ojos de la puerta.

Como periodista, no le gustaba que lo censuraran. Supuso que aquélla era la razón que explicaba su fascinación por la pequeña iglesia blanca del otro lado de la calle. Quería entrar en ella para demostrar que podía hacerlo. Que no tenía miedo. Y que no le gustaba acatar órdenes, ni siquiera las de un monseñor.

Quince minutos después, con el estómago revuelto, Chuck Vogel bajó de su viejo Dodge y cruzó la calle polvorienta en dirección a la iglesia.

A lo lejos, oyó voces de niños jugando a primera hora de la tarde, una cortadora de césped segando la espesa hierba y una radio emitiendo *rock and roll*. Un día típico, al menos aparentemente.

Chuck se dirigió directamente hasta la puerta principal de la iglesia y tiró del picaporte. Al comprobar que estaba abierta, entró.

Dentro estaba oscuro y hacía un poco de fresco, lo que magnificó los extraños escalofríos que sentía por todo el cuerpo.

Miró a su alrededor. La fuente bautismal. El altar. Los confesionarios. Todo parecía en su sitio y la atmósfera general era de lo más normal. Nada de lo que preocuparse.

«No tendría que haber venido».

Y, de repente, supo que había cometido un error al entrar allí.

Una profunda oscuridad se extendió por el interior de la iglesia. Aunque la luz del sol iluminaba las vidrieras, el interior estaba tan oscuro como un anochecer otoñal.

Oyó como se abría la puerta de un confesionario y, cuando se dio la vuelta, vio a una criatura desgarbada e infernal, con la cara llena de llagas supurantes y los ojos rojos como dos rubíes. La criatura, envuelta con los harapos de un pedigüeño, avanzaba por el pasillo central en dirección a Chuck.

Chuck echó a correr.

Corrió como un niño de ocho años asustado: sin complejos. Salió por una puerta lateral al reluciente sol de la tarde. Al parque donde cantaban los pájaros. Al lugar donde la gente se relajaba tumbada en hamacas y viendo partidos de los Red Sox.

Había cometido un terrible error yendo a aquel lugar… y en ese momento sólo quería alejarse de allí. Lo más lejos y rápido posible.

Veinte minutos después, Chuck estaba en su apartamento. Cerró la puerta con ambas cerraduras y sacó su revólver del calibre 38 del cajón. Lo cargó y lo dejó sobre la mesita de noche que había al lado de la combada cama de matrimonio.

Sacó de la nevera una botella de un litro de cerveza Hamms.

Tardó algunos minutos en acomodarse, pero finalmente lo consiguió: sentado en la cama, el televisor enfrente con una retransmisión deportiva y la puerta a la vista… por si alguna criatura desgarbada, con llagas abiertas y envuelta en harapos se le ocurría entrar.

Había sido un estúpido al entrar en la iglesia. Muy estúpido. Y también había tenido mucha suerte. Chuck tuvo la precaución, antes de concentrarse en el partido de los Red Sox, de decir unas cuantas oraciones en agradecimiento por su buena fortuna.

Se prometió a sí mismo que nunca más volvería a mostrar interés alguno por el mundo de lo sobrenatural, ni siquiera si el caso parecía ser una noticia de alcance internacional.

EL EXORCISMO

EL OBISPO ROBERT MCKENNA es un hombre menudo de cabello castaño claro. Lleva gafas y tiene una voz muy suave. Sus manos, grandes y poderosas, reflejan su enorme fuerza interior, una fuerza que ha consolado a miles de personas durante todos sus años de sacerdocio. Sus poderosas manos también reflejan la fuerza de haberse criado en una familia pobre. Y esas mismas manos han realizado más de cincuenta exorcismos, veinte de los cuales con éxito.

El exorcismo, uno de los rituales más antiguos de la Iglesia Católica, estaba a punto de comenzar. El sacerdote viste una estola de color morado alrededor del cuello que simboliza la penitencia y, por tanto, también la humildad, mientras le ruega a Dios, mediante diversas oraciones, que libere a la persona que ha sido poseída por el demonio. Asimismo, otra parte del ritual consiste en realizar adjuraciones al diablo, exigiéndole a Satanás, en el nombre de Cristo, de la Santísima Virgen y de todos los santos, que se marche de una vez por todas. En algunos casos, el sacerdote también exige al espíritu o espíritus que han provocado la infestación que se identifique. (El obispo McKenna se ha comunicado con muchos demonios durante los rituales de exorcismo). Finalmente, en el transcurso del exorcismo, se aplican al cuerpo de la persona poseída, y siempre siguiendo la misma rutina (tocándole la cabeza o el pecho, por ejemplo) una serie de objetos especiales: agua bendita, un crucifijo y la reliquia de un santo. A pesar de lo que pretende hacernos creer el cine, durante un exorcismo no se canta ni se recita. El sacerdote reza con voz poderosa y, en el caso del obispo McKenna, en latín: *Dominus uobiscum* (que el Señor esté contigo). Así da comienzo el ritual.

◆ ◆ ◆

En la iglesia estaban Ed y Lorraine Warren, Bill y Abby Ramsey y cuatro agentes de policía fuera de servicio contratados por el obispo. Éste sabía que no podría defenderse si Bill, durante la agonía del exorcismo, decidía atacarlo. También estaban presentes David Alford y John Cleve, el reportero y el fotógrafo, respectivamente, del rotativo *The People*, el periódico que había sufragado los gastos de viaje y alojamiento del matrimonio Ramsey.

Ed y Lorraine rezaron por el éxito del ritual que iba a empezar en breve. Abby cerró los ojos y pensó en todo el sufrimiento que había tenido que soportar su familia. Deseaba con todas sus fuerzas que aquel día terminara aquella experiencia tan negativa.

Ed lo recuerda así: «En cuanto entramos en la iglesia, me di cuenta de que Bill estaba muy preocupado. El espíritu del demonio que había dentro de él intentaba desesperadamente mantenerlo bajo su control. Hemos sido testigos de esto muchas veces. En una ocasión, un hombre se negó a que le realizaran el exorcismo en el último instante porque aseguró que estaba demasiado enfermo para continuar. Por supuesto que estaba enfermo, y el demonio era el responsable».

Lorraine añade: «Bill parecía muy débil mientras avanzaba hacia la parte delantera de la iglesia. No estaba muy segura de si sería capaz de llegar hasta el final. En este tipo de situaciones, recito una serie de oraciones especiales, y eso es lo que hice en aquel momento. También recé por Abby. Estaba muy reservada y aprensiva».

Bill se sentó en una silla delante del altar, alejado de los demás.

El obispo McKenna se acercó a él, pronunció algunas palabras más en latín y luego exigió en voz alta al demonio que se identificara y abandonara para siempre el cuerpo de Bill.

Bill se limitó a permanecer sentado y observar al obispo. Tenía la sensación de que la ceremonia iba a ser un fracaso. De hecho, en deter-

199

minados momentos estuvo a punto de sonreír cuando el obispo empezó a gritar en latín. Había algo cómico en la situación; para Bill, todo aquello no era más que palabrería sin sentido. Abby no se sentía muy distinta. No había sabido muy bien qué esperar del ritual, pero era evidente que no se parecía en nada a aquello.

Todo parecía muy… normal. No había otra forma de describirlo. La iglesia era sólo una iglesia, el sacerdote era sólo un sacerdote y la propia ceremonia parecía algo salido de una película de terror. Nada de todo aquello iba a ayudar a su marido.

El obispo McKenna comenta: «Podía sentir y ver lo que Bill no podía ver ni sentir. El espíritu demoníaco que había en su interior había empezado a combatir conmigo a través de él. Aunque iba a ser una batalla en toda regla, desde el principio supe que el exorcismo saldría bien. Muy pocas veces soy tan optimista».

Desde el punto de vista de Bill, sin embargo, no estaba pasando nada extraordinario. Evidentemente, Ed y Lorraine Warren sí lo sabían. Habían asistido a muchos exorcismos y sabían que, antes de la fase decisiva, primero el obispo debía entrar en contacto con el demonio.

Fue un proceso muy lento. Pasaron cinco, diez, veinte minutos. Ed y Lorraine continuaron rezando en silencio.

Treinta minutos después, el padre McKenna se acercó más a Bill y le tocó la frente con su estola. A continuación, cogió firmemente su cabeza con ambas manos y le ordenó al hombre lobo que se marchara para siempre.

«He visto a muchos drogadictos en estado de abstinencia, y eso es exactamente en lo que pensé al ver cómo Bill empezaba a revolverse sobre la silla –asegura el obispo–. Aunque él no lo sabía, en ese momento estaba luchando con el demonio por el control de su cuerpo y de su alma. Vi cómo su rostro pasaba de su aspecto humano al lobuno en cuestión de segundos; un instante era él mismo y, al siguiente, su rostro adoptaba una cualidad cuasi salvaje, como la cara de un lobo. No podía dejar de pensar que Bill no había realizado las pruebas de resistencia cardíaca».

Aquél era el momento del exorcismo en el que, al parecer, algunas personas han llegado a morir como consecuencia del gran estrés físico al que están sometidas. El obispo había aceptado con muchas reticencias llevar a cabo el ritual sin las pruebas cardíacas.

Bill continuaba sacudiéndose y retorciéndose incontrolablemente. Estaba sufriendo un ataque, el peor que había tenido nunca. Sintió como los labios se le retraían para mostrar los dientes, cómo sus manos se convertían en garras, y sintió el inconfundible impulso de atacar al obispo.

Y lo hizo. Levantó las manos e intentó desgarrarle el rostro. Dos de los fornidos policías fuera de servicio saltaron de sus asientos para sujetar a Bill, pero el obispo, demostrando un gran coraje, les ordenó que volvieran a sentarse. El exorcismo iba bien y no quería estropearlo.

Entonces, el obispo sacó un crucifijo que guardaba entre sus vestiduras y se lo puso a Bill en la cara. Éste, o mejor dicho, el hombre lobo que había en su interior, enloqueció. Saltó de la silla mientras rugía, gruñía y trataba de alcanzar al obispo con sus garras.

Abby gritó. Los Warren temieron que Bill pudiera herir gravemente a su amigo.

En palabras de Abby: «De repente, todo se convirtió en una pesadilla. Bill estaba teniendo otro de sus ataques. No podía dejar de pensar en la noche anterior, cuando había tratado de estrangularme. ¿Iba a hacer lo mismo ahora con el obispo?

Era difícil de creer que el hombre al que amaba fuera aquella extraña criatura enfurecida que parecía un lobo. Nunca había visto semejante furia en sus ojos, ni siquiera la noche en el motel, ni aquellas manos tan parecidas a las garras de un lobo. Saltó de la silla y trató de atacar otra vez al obispo».

Esta vez, el sacerdote no tuvo más remedio que refugiarse detrás del altar. Bill, con la saliva colgando de entre los dientes y los ojos enloquecidos, atravesó el altar en pos del obispo. No obstante, en aquella ocasión el sacerdote permaneció completamente inmóvil. Volvió a levantar el crucifijo y empezó a hablar en latín.

Y entonces sucedió algo. De repente, Bill se sintió muy débil. Se tambaleó hacia la silla y se dejó caer en ella. Notó cómo su frío cuerpo empezaba a calentarse, y cómo el impulso de atacar al obispo se desvanecía lentamente. El sacerdote volvió a situarse a su lado. De pie delante de él, continuó recitando admoniciones en latín.

Bill comenta, sorprendido: «Mientras estaba allí sentado, tuve una sensación de purificación; el veneno que había circulado por mi cuerpo me había abandonado por completo. Me sentía totalmente derrotado. Recuerdo que traté de darme la vuelta para mirar a Abby pero que, incluso aquel pequeño gesto, me dejó exhausto. Tenía miedo de golpearme la cabeza contra el suelo. Me agarré a la silla con todas mis fuerzas y dejé que el obispo McKenna continuara expulsando al demonio con sus palabras en latín».

Bill sintió la presencia del espíritu del hombre lobo en su interior, su deseo de destruir al hombre de Iglesia.

Sin embargo, su poder se estaba debilitando rápidamente. Un leve rugido resonó en el pecho de Bill y poco después se desvaneció. Levantó las manos y vio que ya no parecían garras. Eran sólo unas manos.

Bill trató de levantarse de la silla para acometer por última vez al obispo, pero se dio cuenta de que cada vez le costaba más mantener los ojos abiertos. Estaba perdiendo el conocimiento y, mientras le sucedía eso, notó una gran paz en su interior, y un amor casi abrumador por su mujer y sus hijos.

Después

Unos días después, los Warren acompañaron a Bill y Abby Ramsey al aeropuerto. Durante las últimas cuarenta y ocho horas, los Warren habían hecho poco más que llevar a los Ramsey a lugares interesantes y dejarles saborear y disfrutar del resto de su visita.

Bill comenta: «Le explicaba a todo el mundo con el que me encontraba cómo me sentía. Supongo que era un poco exagerado, pero no podía evitarlo. Me sentía como un niño con zapatos nuevos. Acababan de liberarme de una prisión. En aquel momento, nada podría haberme parecido tan maravilloso como América. Tomé fotografías mentales del paisaje, la gente, las ciudades; eso es algo que no perderé nunca. Y, cada hora más o menos, me detenía y pensaba: "Sí, ha pasado de verdad. Vine hasta aquí y, con la ayuda de los Warren y el obispo McKenna, soy libre por primera vez en mi vida desde que tenía nueve años"».

Abby también notó la diferencia. Nunca había visto a Bill tan relajado y tranquilo como entonces.

«Bill siempre parecía estar guardándose algo, como si su mente estuviera pensando en otra cosa. Que es exactamente lo que le pasaba, por culpa del demonio. Tenía muchísimas ganas de contarle a los niños cómo había cambiado su padre. Sobre todo, su forma de reír. En serio, era un hombre nuevo».

En el aeropuerto, se despidieron de los Warren. Cuando se anunció su avión, Ed y Lorraine les ayudaron a recoger el equipaje de mano y después esperaron a que el avión despegara.

◆ ◆ ◆

Actualmente, Ed comenta: «Seguimos manteniendo el contacto con los Ramsey. Queremos asegurarnos de que todo sigue bien. Y, gracias a Dios, de momento no ha habido ninguna recaída. Bill asegura que está viviendo el mejor momento de su vida. Eso es algo que nos hace muy felices».

Lorraine añade: «No todos nuestros casos terminan tan bien. Pero, afortunadamente para los Ramsey, éste sí tuvo un final feliz. Le debemos muchísimo al obispo McKenna. No hay nadie más valiente y cariñoso en todo el país. Ha salvado muchísimas vidas, tanto en lo físico como en lo espiritual».

En la actualidad, casi dos años después, Bill y Abby Ramsey llevan una vida tranquila en Southend-on-Sea. Bill planea escribir una novela. El espíritu del hombre lobo no ha vuelto a intentar dominarlo.

William Ramsey le da las gracias al padre McKenna tras el éxito del exorcismo. Liberado del espíritu que lo dominaba, finalmente puede celebrar el triunfo del bien sobre el mal. (John Cleave/Mirrorpix)

Hasta el momento de la redacción de este libro, William Ramsey no ha sufrido ninguna recaída.

Acerca de los autores

ED y **LORRAINE WARREN** fueron testigos de diversas experiencias sobrenaturales durante su infancia y juventud en Connecticut. Se hicieron novios en el instituto y, el día de su decimoséptimo cumpleaños, Ed se alistó en la Marina de EE. UU. para luchar en la Segunda Guerra Mundial. Unos meses después, su barco se hundió en el Atlántico Norte y él fue uno de los pocos supervivientes. Poco después, Ed y Lorraine se casaron y tuvieron una hija. En 1952, Ed y Lorraine crearon la Sociedad de Investigación Psíquica de Nueva Inglaterra, el grupo de cazadores de fantasmas más antiguo de Nueva Inglaterra. Desde Amityville hasta Tokio, han participado en miles de investigaciones y exorcismos sancionados por la Iglesia en todo el mundo. Han dedicado su vida y sus extraordinarios talentos a enseñar a otras personas y a luchar contra las fuerzas diabólicas allí donde la gente requiere sus servicios.

ROBERT DAVID CHASE trabaja para diversas revistas y ha publicado tres novelas hasta la fecha.

ÍNDICE

TERCERA PARTE

El demonólogo y la médium más famosos del mundo, **Ed y Lorraine Warren**, reciben el encargo de ayudar a una familia americana normal y corriente que se ve asediada por unas oscuras fuerzas demasiado abrumadoras y poderosas. Se trata de una historia real que conoceremos a partir del testimonio de decenas de personas: vecinos, sacerdotes, policías, periodistas, investigadores…

Insoportables olores de matadero. Ruidos ensordecedores. Una criatura con pezuñas que recorre el pasillo. Ataques físicos, despiadados estrangulamientos, exorcismos fallidos, súcubos… y el terror definitivo que continúa **atormentando a la familia Smurl**. En este libro sorprendente, aterrador y profundamente absorbente, el periodista Robert Curran indaga en la infestación de la casa de los Smurl en West Pittston, Pensilvania, así como en los sólidos vínculos familiares que les ayudaron a sobrevivir.

La historia del caso más aterrador de **posesión demoníaca** de EE. UU. que se convirtió en la base para la película de éxito *Extrañas apariciones*, protagonizada por Virginia Madsen.

Poco después de mudarse a su nueva casa, la familia Snedeker es atacada por una siniestra presencia que no deja en paz a ninguno de sus miembros. Tras intentarlo todo, recurren a los demonólogos de fama mundial **Ed y Lorraine Warren**, quienes jamás se han enfrentado a un caso tan aterrador… Nadie había advertido a los Snedeker que su nueva casa antes había sido una funeraria. La batalla contra unos incidentes salvajes e inexplicables no ha hecho más que empezar. Lo que, al principio, parecía un simple caso de poltergeist llegará a convertirse en una guerra total en la que una familia americana normal y corriente deberá hacer frente a oscuras fuerzas infernales. Ésta es una guerra que los Snedeker no pueden permitirse perder.